Sie kochen gern? Prima! Aber mal ehrlich: Wärs nicht schön, wenn Sie das Kochen hie und da delegieren könnten? Hier ist die Lösung: Nur ein paar Handgriffe, dann schieben Sie alles in den Ofen und haben frei. Denn nun kocht Ihr Ofen!

Sie kochen nicht so gern? Dann ist dieses Buch ebenfalls genau richtig für Sie. Überlassen Sie das Kochen doch einfach Ihrem Ofen. Vertrauen Sie ihm, er kann das hervorragend.

Sie kochen häufig für die Familie? Das kann im Alltag ganz schön stressig sein. Lassen Sie doch einfach Ihren Ofen kochen.

Sie verwöhnen gern Freunde? Super! Geniessen Sie entspannt die gemeinsame Zeit, während Ihr Ofen kocht.

Sie sind Gastgeberin mit Fleisch und Blut? – Und das durchaus auch für Vegis und Veganer? Mit unseren Rezepten zaubern Sie ein tolles Menü und brillieren als souveräne Gastgeberin.

Es gibt viele Gründe, das Kochen Ihrem Ofen zu überlassen, probieren Sie es aus! Herzlich, Ihre

Betty Bossi

Herausgegeben von der Betty Bossi AG, Postfach, 8021 Zürich.

Inhalt

Entdecken Sie das Kochen im Ofen!

Kochen im Ofen hat viele Vorteile. Kennen Sie schon alle? Ab sofort verwöhnen Sie Ihre Familie, Freunde und Gäste super entspannt, versprochen! Nach nur wenig Vorbereitung kocht Ihr Ofen das Essen, während Sie Zeit haben, die Küche aufzuräumen. Sie können sich in aller Ruhe feinmachen oder einfach ganz entspannt die Füsse hochlegen und sich auf das feine Essen mit Ihren Lieben freuen.

Einfach clever

Die spezielle Rezeptschreibung in diesem Buch ermöglicht es Ihnen, auf einen Blick zu erfassen, wie viel Zeit Sie in der Küche aufwenden und wie lange Ihr Ofen arbeitet. Damit planen Sie Ihr Essen souverän.

Für Gäste brillieren

Hier finden Sie feinste Gerichte für alle Gelegenheiten. Sie sind perfekt immer dann, wenn Sie etwas zu feiern haben oder Ihre Lieben besonders verwöhnen möchten.

Feines für Vegis und Veganer

Vegis und Veganer können eine echte Herausforderung für Gastgeber sein. Nicht mehr! Entdecken Sie die superfeinen Rezepte. Sie werden damit mächtig punkten, auch bei Fleischliebhabern, versprochen!

Locker für Freunde

Bekochen Sie Freunde oder Ihre Familie, darf es gern locker und etwas einfacher sein. Aber selbstverständlich garantieren wir Ihnen auch hier herrlichen Hochgenuss.

Aus der Ferne

Nicht viele exotische Zutaten, sondern überraschende Gerichte mit dem gewissen Twist erwarten Sie hier. Haben Sie schon einmal eine Paella im Ofen gekocht? Einfacher gehts nicht, überzeugen Sie sich!

Heizen Sie Ihrem Ofen richtig ein

Wählen Sie für alle Gerichte immer Ober- und Unterhitze. Nur wenn zwei Bleche im Ofen sind, benötigen Sie Heissluft, das haben wir für Sie jeweils explizit im Rezept vermerkt.

Ihr Rundum-sorglos-Paket

<u>Vorspeisen:</u> Sie suchen noch eine passende Vorspeise für Ihr Menü? Dann schlagen Sie einfach im Kapitel «Salate und Suppen» nach, hier finden Sie den perfekten Menü-Auftakt.

<u>Desserts:</u> Und im Kapitel «Süsses zum Schluss» warten herrliche Dessertkreationen auf Sie, die perfekte Krönung für Ihr Verwöhn-Menü.

Die perfekte Planung

Alle Vorspeisen und Desserts können Sie bis auf letzte Handgriffe beim Anrichten vorbereiten.

Da Ihr Ofen mit dem Hauptgang beschäftigt ist, braucht es für unsere Vorspeisen und Desserts keinen Ofen. Das erleichtert Ihnen Arbeitsabläufe und Planung erheblich. Beispielsweise können Sie einen ersten Service anrichten, während Sie das Supplement noch bequem im Ofen warm halten.

Salate und Suppen

Kürbissalat mit Frischkäse

25 Min. vegi

1 EL Senf
3 EL Weissweinessig
3 EL Olivenöl
1 TL flüssiger Honig
1 Zwiebel, fein gehackt

1 EL Olivenöl
600 g Kürbis (z. B. Butternut), in ca. 1½ cm grossen Würfeln
½ TL Salz
wenig Pfeffer

50 g Rucola, grob geschnitten
150 g Ziegenfrischkäse (z. B. Formaggini), in Stücken
3 EL Haselnüsse, grob gehackt, geröstet

Zeit in der Küche: ca. 25 Min.

1. Senf, Essig, Öl, Honig und Zwiebel verrühren.
2. Öl in einer beschichteten Bratpfanne heiss werden lassen. Kürbis ca. 5 Min. rührbraten, würzen, in die Sauce geben, mischen, etwas abkühlen.
3. Rucola daruntermischen, Frischkäse und Nüsse darauf verteilen.

Portion: 326 kcal, F 25 g, Kh 20 g, E 8 g

Lässt sich vorbereiten: Salatsauce und Kürbis ca. ½ Tag im Voraus zubereiten, mischen, zugedeckt im Kühlschrank aufbewahren. Salat ca. 30 Min. vor dem Servieren anrichten.

Green Power Salad

15 Min. **vegi**

1 EL Honigsenf
3 EL Apfelessig
4 EL Rapsöl
4 EL Joghurt nature
½ dl Gemüsebouillon
3 EL Schnittlauch, fein geschnitten
Salz, Pfeffer, nach Bedarf

---

150 g Jungsalat
1 Avocado, entkernt, in Schnitzen
1 Orange, in Würfeli
1 Granatapfel, Kerne ausgelöst
40 g gesalzene Erdnüsse

Zeit in der Küche: ca. 15 Min.

1. Senf und alle Zutaten bis und mit Schnittlauch verrühren, würzen.
2. Salat kurz vor dem Servieren auf einer Platte anrichten. Avocado, Orange, Granatapfelkerne und Nüsse darauf verteilen, Sauce dazu servieren.

Portion: 295 kcal, F 24 g, Kh 13 g, E 5 g

Tipps:

- Statt Granatapfelkerne kernlose Traubenbeeren verwenden.
- Statt Jungsalat Nüssli- oder Eisbergsalat verwenden.

Chicoréesalat mit Speck

15 Min.

2 EL Aceto balsamico bianco
3 EL Rapsöl
wenig Pfeffer
100 g Roquefort, in Stücken

150 g Bratspeck in Tranchen

500 g Chicorée, in Stücken
250 g Cicorino rosso, in Stücken
1 Granatapfel, Kerne ausgelöst
1 EL flüssiger Honig

Zeit in der Küche: ca. 15 Min.

1. Aceto, Öl, Pfeffer und die Hälfte des Käses verrühren.
2. Speck portionenweise in einer Bratpfanne langsam knusprig braten, herausnehmen, abtropfen.
3. Salat in die Sauce geben, mischen, auf einer Platte anrichten. Granatapfelkerne mit dem restlichen Käse und dem Speck darauf verteilen, Honig darüberträufeln.

Portion: 398 kcal, F 32 g, Kh 13 g, E 13 g

Lässt sich vorbereiten: Sauce und Speck ca. ½ Tag im Voraus zubereiten. Salat kurz vor dem Servieren anrichten.

Spargelsalat mit Erdbeeren

25 Min. **vegi**

1 Limette, heiss abgespült, trocken getupft, wenig abgeriebene Schale und 2 EL Saft
2 EL Olivenöl
1 EL flüssiger Honig
1 roter Chili, entkernt, in Ringen

---

1 EL Olivenöl
1 kg grüne Spargeln, unteres Drittel geschält, längs halbiert, in ca. 5 cm langen Stücken
1 TL Salz
wenig Pfeffer

---

10 Erdbeeren, in Vierteln
1 Bund Radiesli mit wenig Grün, Radiesli in Scheibchen, Grün fein geschnitten
3 EL ungesalzene geschälte Pistazien, geröstet, grob gehackt

Zeit in der Küche: ca. 25 Min.

1. Limettenschale und -saft mit Öl, Honig und Chili verrühren.
2. Öl in einer beschichteten Bratpfanne heiss werden lassen. Spargeln ca. 6 Min. rührbraten, würzen, in die Sauce geben, mischen, etwas abkühlen.
3. Erdbeeren und Radiesli sorgfältig daruntermischen. Spargelsalat anrichten, Radiesligrün und Pistazien darüberstreuen.

Portion: 222 kcal, F 13 g, Kh 16 g, E 7 g

Lässt sich vorbereiten: Salatsauce und Spargeln ca. ½ Tag im Voraus zubereiten, mischen, zugedeckt im Kühlschrank aufbewahren. Salat ca. 30 Min. vor dem Servieren anrichten.

Tomaten-Fenchel-Salat mit Burrata

15 Min. + 20 Min. ziehen lassen **vegi**

400 g Fenchel, in ca. 2 mm dicke Scheiben gehobelt
1 Bio-Zitrone, abgeriebene Schale und 2 EL Saft
3 EL Olivenöl
¼ TL Salz
wenig Pfeffer

---

300 g Tomaten, in Scheiben
2 EL Pinienkerne, geröstet
1 Burrata (ca. 150 g)
1 EL Olivenöl
2 Prisen Fleur de Sel
wenig Pfeffer

Zeit in der Küche: ca. 15 Min.

1. Fenchel auf eine Platte legen. Zitronenschale und -saft mit dem Öl verrühren, würzen, über den Fenchel träufeln, ca. 20 Min. ziehen lassen.
2. Tomaten und Pinienkerne auf dem Fenchel verteilen. Burrata in ein Schälchen geben, Öl darüberträufeln, würzen, zum Salat servieren.

Portion: 281 kcal, F 24 g, Kh 6 g, E 8 g

Lässt sich vorbereiten: Fenchel ca. ½ Tag im Voraus zubereiten, zugedeckt im Kühlschrank aufbewahren. Salat ca. 30 Min. vor dem Servieren anrichten.

Zucchini-Melonen-Salat

25 Min. vegi

3 EL Aceto balsamico bianco
4 EL Olivenöl
2 EL Pfefferminze, fein geschnitten

---

1 EL Olivenöl
2 Zucchini, in Stängeln
½ TL Salz
wenig Pfeffer

---

1 Melone (z. B. Charentais), in Würfeln
250 g Cherry-Tomaten, halbiert
200 g Feta, in Würfeln
50 g Jungspinat
Salz, Pfeffer, nach Bedarf

Zeit in der Küche: ca. 25 Min.

1. Aceto, Öl und Pfefferminze verrühren.
2. Öl in einer beschichteten Bratpfanne heiss werden lassen. Zucchini ca. 3 Min. rührbraten, würzen, in die Sauce geben, mischen, etwas abkühlen.
3. Melone und alle restlichen Zutaten daruntermischen, würzen.

Portion: 352 kcal, F 27 g, Kh 12 g, E 12 g

Lässt sich vorbereiten: Salatsauce und Zucchini ca. ½ Tag im Voraus zubereiten, separat zugedeckt im Kühlschrank aufbewahren. Salat ca. 30 Min. vor dem Servieren anrichten.

Broccolisalat mit Himbeeren

30 Min. vegi

3 EL Limettensaft
3 EL Olivenöl
2 EL Koriander, fein geschnitten
1 roter Chili, entkernt, fein gehackt
150 g Himbeeren

---

500 g Broccoli, in Röschen
Wasser, siedend

---

1 EL geröstetes Sesamöl
1 Schalotte, in feinen Ringen
1 EL flüssiger Honig
½ TL Salz
wenig Pfeffer

---

200 g Feta, zerbröckelt
40 g geröstete, gesalzene Cashew-Nüsse, grob gehackt

Zeit in der Küche: ca. 30 Min.

1. Limettensaft, Öl, Koriander und Chili verrühren. Himbeeren beigeben.
2. Broccoli ca. 2 Min. blanchieren, mit einer Schaumkelle herausnehmen, kurz in eiskaltes Wasser legen, gut abtropfen.
3. Öl in einer beschichteten Bratpfanne heiss werden lassen. Broccoli ca. 2 Min. rührbraten. Schalotte und Honig beigeben, würzen, in die Sauce geben, mischen, etwas abkühlen.
4. Feta und Nüsse auf dem Salat verteilen.

Portion: 394 kcal, F 29 g, Kh 14 g, E 16 g

Lässt sich vorbereiten: Salatsauce und Broccoli ca. ½ Tag im Voraus zubereiten, separat zugedeckt im Kühlschrank aufbewahren. Salat ca. 30 Min. vor dem Servieren anrichten.

Bohnensalat mit Pfirsich

25 Min. **vegan**

1 Bio-Zitrone, wenig abgeriebene Schale und 2 EL Saft
3 EL Rapsöl
1 rote Zwiebel, fein gehackt
1 Knoblauchzehe, gepresst
¾ TL Salz
wenig Pfeffer

---

1 gelbe Peperoni, in feinen Streifen
1 Gurke, entkernt, in Scheibchen
1 Pfirsich, in Schnitzen
250 g Cherry-Tomaten, halbiert
1 Dose Cannellini-Bohnen (ca. 400 g), abgespült, abgetropft
2 EL Pfefferminze, fein geschnitten

Zeit in der Küche: ca. 25 Min.

1. Zitronenschale und -saft, Öl, Zwiebel und Knoblauch verrühren, würzen.
2. Peperoni und alle restlichen Zutaten beigeben, mischen.

Portion: 197 kcal, F 10 g, Kh 18 g, E 5 g

Tipp: Pfirsich durch 2 Aprikosen oder 4 tiefgekühlte Aprikosenhälften, aufgetaut, ersetzen.

Lässt sich vorbereiten: Salat ca. ½ Tag im Voraus zubereiten, zugedeckt im Kühlschrank aufbewahren. Salat ca. 30 Min. vor dem Servieren anrichten.

Süsskartoffelsuppe mit Mostbröckli

35 Min.

1 EL Olivenöl
1 Zwiebel, grob gehackt
1 Knoblauchzehe, grob gehackt
500 g Süsskartoffeln, in Stücken
1 Tomate, in Stücken
¼ TL Cayennepfeffer
1 TL Salz
8 dl Wasser
2 dl Vollrahm
Salz, nach Bedarf

---

50 g Baumnusskerne, grob gehackt
60 g Mostbröckli in Tranchen, in feinen Streifen
1 EL glattblättrige Petersilie, fein geschnitten

Zeit in der Küche: ca. 35 Min.

1. Öl in einer Pfanne warm werden lassen. Zwiebel und Knoblauch andämpfen. Süsskartoffeln und Tomate ca. 2 Min. mitdämpfen, würzen. Wasser dazugiessen, aufkochen, zugedeckt bei mittlerer Hitze ca. 15 Min. weich kochen. Rahm dazugiessen, Suppe pürieren, heiss werden lassen, salzen.
2. Nüsse in einer Bratpfanne ohne Fett rösten, Pfanne von der Platte nehmen. Mostbröckli und Petersilie beigeben, mischen. Suppe anrichten, Nüsse, Mostbröckli und Petersilie darauf verteilen.

Portion: 424 kcal, F 31 g, Kh 26 g, E 10 g

Tipp: Statt Süsskartoffeln Rüebli oder Kürbis verwenden.

Lässt sich vorbereiten: Suppe ca. 1 Tag im Voraus zubereiten, pürieren, auskühlen, zugedeckt im Kühlschrank aufbewahren. Kurz vor dem Servieren heiss werden lassen, fertig zubereiten.

Pastinakensuppe

35 Min. vegi

1 EL	**Olivenöl**
1	**Zwiebel,** fein gehackt
400 g	**Pastinaken,** in Scheiben
200 g	**Lauch,** in feinen Ringen
8 dl	**Gemüsebouillon**
2 dl	**Vollrahm**
	Salz, Pfeffer, nach Bedarf
2 EL	**Sonnenblumenkerne**
2 EL	**Kürbiskerne**
½ TL	**Kurkuma**
2 TL	**flüssiger Honig**
1 dl	**Vollrahm**
2 EL	**glattblättrige Petersilie,** fein geschnitten

Zeit in der Küche: ca. 35 Min.

1. Öl in einer Pfanne warm werden lassen. Zwiebel andämpfen, Pastinaken und Lauch ca. 2 Min. mitdämpfen. Bouillon dazugiessen, aufkochen, zugedeckt bei mittlerer Hitze ca. 15 Min. weich kochen. Rahm dazugiessen, Suppe pürieren, heiss werden lassen, würzen.
2. Kerne in einer beschichteten Bratpfanne ohne Fett rösten. Kurkuma und Honig beigeben, kurz mitrösten, etwas abkühlen.
3. Rahm mit der Petersilie flaumig schlagen. Suppe anrichten, Petersilienrahm und Kerne darauf verteilen.

Portion: 429 kcal, F 35 g, Kh 18 g, E 7 g

Lässt sich vorbereiten: Suppe ca. 1 Tag im Voraus zubereiten, pürieren, auskühlen, zugedeckt im Kühlschrank aufbewahren. Kurz vor dem Servieren heiss werden lassen, fertig zubereiten.

Curry-Rüeblisuppe

35 Min. **vegi**

1 EL geröstetes Sesamöl
1 Zwiebel, in feinen Streifen
500 g Rüebli, in Scheibchen
3 EL gelbe Currypaste
1 Limette, heiss abgespült, trocken getupft, abgeriebene Schale beiseite gestellt und 1 EL Saft
1 Stängel Zitronengras, gequetscht
1 TL Kurkuma
7 dl Gemüsebouillon
2½ dl Kokosmilch
Salz, nach Bedarf

---

40 g Cashew-Nüsse, grob gehackt
20 g Panko (siehe Hinweis)
2 EL Koriander oder glattblättrige Petersilie, fein geschnitten

Zeit in der Küche: ca. 35 Min.

1. Öl in einer Pfanne warm werden lassen. Zwiebel andämpfen, Rüebli ca. 3 Min. mitdämpfen. Currypaste, Limettensaft, Zitronengras und Kurkuma beigeben. Bouillon und Kokosmilch dazugiessen, aufkochen, zugedeckt bei mittlerer Hitze ca. 20 Min. weich kochen. Zitronengras entfernen. Suppe pürieren, heiss werden lassen, salzen.
2. Nüsse und Panko in einer beschichteten Bratpfanne ohne Fett rösten. Koriander und beiseite gestellte Limettenschale daruntermischen. Suppe anrichten, Nussmischung darüberstreuen.

Portion: 305 kcal, F 21 g, Kh 22 g, E 5 g

Hinweis: Panko ist ein japanisches Paniermehl und besteht aus Weissbrot ohne Kruste. Es ist gröber gerieben als unser Paniermehl. Ersatz: Toastbrot, grob gehackt, oder Paniermehl.

Tipp: Für eine vegane Suppe grüne Curry-Paste (Naturaplan) verwenden.

Lässt sich vorbereiten: Suppe ca. 1 Tag im Voraus zubereiten, pürieren, auskühlen, zugedeckt im Kühlschrank aufbewahren. Kurz vor dem Servieren heiss werden lassen, fertig zubereiten.

Randensuppe mit Lachs

30 Min.

1 EL Butter
1 Schalotte, in feinen Streifen
500 g gekochte Randen, in Stücken
1 Sternanis
8 dl Gemüsebouillon
1 EL Zitronensaft
Salz, Pfeffer, nach Bedarf

---

100 g Crème fraîche
1 cm Meerrettich, fein gerieben
wenig Dill
100 g geräucherter Lachs in Tranchen

Zeit in der Küche: ca. 30 Min.

1. Butter in einer Pfanne warm werden lassen. Schalotte andämpfen, Randen und Sternanis ca. 2 Min. mitdämpfen. Bouillon und Zitronensaft dazugiessen, aufkochen, zugedeckt bei mittlerer Hitze ca. 15 Min. weich kochen. Sternanis entfernen. Suppe pürieren, heiss werden lassen, würzen.
2. Suppe anrichten, Crème fraîche, Meerrettich und Dill darauf verteilen. Lachs dazu servieren.

Portion: 212 kcal, F 15 g, Kh 10 g, E 9 g

Lässt sich vorbereiten: Suppe ca. 1 Tag im Voraus zubereiten, pürieren, auskühlen, zugedeckt im Kühlschrank aufbewahren. Kurz vor dem Servieren heiss werden lassen, fertig zubereiten.

Dazu passt: Baguette, Roggenbrot.

Kohlrabisuppe mit Croûtons

35 Min.

1 EL Olivenöl
1 Zwiebel, fein gehackt
500 g Kohlrabi, in Würfeln
7 dl Gemüsebouillon
1 EL Zitronensaft
1½ dl Vollrahm
Salz, Pfeffer, nach Bedarf

1 EL Olivenöl
50 g Brot, in Würfeli
6 Tranchen Bratspeck, in Streifen
6 weiche Dörraprikosen, in Streifen
1 EL Kerbel, fein geschnitten

1 dl Vollrahm

Zeit in der Küche: ca. 35 Min.

1. Öl in einer Pfanne warm werden lassen. Zwiebel andämpfen, Kohlrabi ca. 2 Min. mitdämpfen. Bouillon und Zitronensaft dazugiessen, aufkochen, zugedeckt bei mittlerer Hitze ca. 20 Min. weich kochen. Rahm dazugiessen, Suppe pürieren, heiss werden lassen, würzen.
2. Öl in einer Bratpfanne heiss werden lassen. Brot und Speck langsam knusprig braten. Aprikosen kurz mitbraten. Kerbel daruntermischen.
3. Rahm flaumig schlagen. Suppe anrichten, Rahm mit den Croûtons darauf verteilen.

Portion: 415 kcal, F 35 g, Kh 17 g, E 8 g

Tipp: Statt Brot 2 Scheiben Toastbrot verwenden.

Lässt sich vorbereiten: Suppe ca. 1 Tag im Voraus zubereiten, pürieren, auskühlen, zugedeckt im Kühlschrank aufbewahren. Kurz vor dem Servieren heiss werden lassen, fertig zubereiten.

Kokos-Spargelsuppe mit Korianderöl

30 Min. vegan

1 EL Olivenöl
2 Schalotten, grob gehackt
500 g weisse Spargeln, geschält, in Stücken
2 TL Zucker
1 TL Salz
wenig Pfeffer
5 dl Wasser
2½ dl Kokosmilch
Salz, nach Bedarf

---

2 EL Olivenöl
2 EL Koriander oder glattblättrige Petersilie, fein geschnitten
1 roter Chili, entkernt, fein gehackt
2 Prisen Fleur de Sel

Zeit in der Küche: ca. 30 Min.

1. Öl in einer Pfanne warm werden lassen. Schalotten andämpfen, Spargeln und Zucker ca. 3 Min. mitdämpfen, würzen. Wasser und Kokosmilch dazugiessen, aufkochen, zugedeckt bei mittlerer Hitze ca. 15 Min. weich kochen. Suppe pürieren, heiss werden lassen, salzen.
2. Öl, Koriander, Chili und Fleur de Sel verrühren. Suppe anrichten, wenig Korianderöl darauf verteilen. Restliches Öl dazu servieren.

Portion: 244 kcal, F 20 g, Kh 11 g, E 4 g

Lässt sich vorbereiten: Suppe ca. 1 Tag im Voraus zubereiten, pürieren, auskühlen, zugedeckt im Kühlschrank aufbewahren. Kurz vor dem Servieren heiss werden lassen, fertig zubereiten.

Gazpacho

25 Min. + 1 Std. kühl stellen **vegi**

4 Tomaten, in Stücken
1 rote Peperoni, ¼ in Würfeli, beiseite gestellt, Rest in Stücken
1 Gurke, ¼ in Würfeli, beiseite gestellt, Rest in Stücken
1 roter Peperoncino, entkernt, in Ringen
1 Knoblauchzehe, in Scheibchen
8 Basilikumblätter
50 g Toastbrot, zerzupft
3 dl Gemüsebouillon, kalt
2 EL Olivenöl
1 TL Zucker
1½ TL Fleur de Sel

2 EL Schnittlauch, fein geschnitten

Zeit in der Küche: ca. 25 Min.

1. Tomaten mit allen Zutaten bis und mit Fleur de Sel im Mixglas pürieren. Suppe zugedeckt ca. 1 Std. kühl stellen.
2. Suppe anrichten, beiseite gestellte Peperoni- und Gurkenwürfeli mit dem Schnittlauch darauf verteilen.

Portion: 160 kcal, F 8 g, Kh 16 g, E 4 g

Lässt sich vorbereiten: Suppe ca. 1 Tag im Voraus zubereiten, zugedeckt im Kühlschrank aufbewahren.

Tipps:

- Gazpacho in gekühlten Schalen oder Gläsern anrichten.
- Für einen veganen Gazpacho statt Toastbrot Weissbrot (z. B. Baguette) verwenden.

Broccolisuppe mit Olivenstreuseln

35 Min. **vegi**

1 EL Butter
1 Schalotte, in Streifen
1 Knoblauchzehe, in Scheibchen
500 g Broccoli, in Röschen, Strunk geschält, in Scheibchen
2 EL trockener weisser Vermouth (z. B. Noilly Prat)
8 dl Gemüsebouillon
50 g Jungspinat
10 Pfefferminzblätter
1 dl Vollrahm
Salz, Pfeffer, nach Bedarf

---

1 EL Olivenöl
50 g Haselnüsse, grob gehackt
20 g entsteinte schwarze Oliven, grob gehackt
2 Prisen Fleur de Sel

Zeit in der Küche: ca. 35 Min.

1. Butter in einer Pfanne warm werden lassen. Schalotte und Knoblauch andämpfen. Broccoli ca. 2 Min. mitdämpfen. Vermouth beigeben, Bouillon dazugiessen, aufkochen, zugedeckt bei mittlerer Hitze ca. 15 Min. weich kochen. Spinat, Pfefferminze und Rahm beigeben, pürieren, heiss werden lassen, würzen.
2. Öl in einer Bratpfanne heiss werden lassen. Nüsse und Oliven langsam knusprig braten, salzen. Suppe anrichten, Streusel darüberstreuen.

Portion: 284 kcal, F 24 g, Kh 6 g, E 7 g

Lässt sich vorbereiten: Suppe bis und mit Bouillon ca. 1 Tag im Voraus zubereiten, auskühlen, zugedeckt im Kühlschrank aufbewahren. Kurz vor dem Servieren aufkochen, fertig zubereiten.

Für Gäste brillieren

Rindshohrücken mit Kürbis

30 Min. + 45 Min. im Ofen + 10 Min. ruhen lassen

1 kg Rindshohrücken

1 TL Fleur de Sel
½ TL schwarze Pfefferkörner
1 Lorbeerblatt
2 EL Bratbutter

1 EL Olivenöl
1 Knoblauchzehe, gepresst
1 EL Thymianblättchen

800 g Kürbis (z. B. Butternut), in ca. 5 mm dicken Scheiben
¼ TL Salz
wenig Pfeffer
1 Dose Indianerbohnen (ca. 400 g), abgespült, abgetropft
100 g Speckwürfeli
1 EL Olivenöl

1. Fleisch ca. 1 Std. vor dem Anbraten aus dem Kühlschrank nehmen.

Zeit in der Küche: ca. 30 Min.

2. Fleur de Sel, Pfeffer und Lorbeer im Mörser zerstossen, Fleisch damit würzen. Bratbutter in einer Bratpfanne heiss werden lassen. Fleisch rundum ca. 8 Min. anbraten, erst wenden, wenn sich eine Kruste gebildet hat. Fleisch auf ein mit Backpapier belegtes Blech legen.
3. Öl, Knoblauch und Thymian verrühren, Fleisch damit bestreichen. Fleischthermometer an der dicksten Stelle einstecken.
4. Kürbis neben dem Fleisch verteilen, würzen. Bohnen, Speck und Öl mischen, auf dem Kürbis verteilen.

Zeit im Ofen: ca. 45 Min.

5. **Braten:** ca. 45 Min. in der Mitte des auf 180 Grad vorgeheizten Ofens. Die Kerntemperatur soll ca. 50 Grad betragen. Fleisch herausnehmen, zugedeckt ca. 10 Min. ruhen lassen. Bohnen-Kürbis-Gemüse im Ofen warm halten. Braten quer zur Faser tranchieren, mit dem Gemüse anrichten.

Portion: 794 kcal, F 42 g, Kh 35 g, E 71 g

Tipp: Durch das Ruhenlassen steigt die Temperatur im Innern des Fleisches noch um ca. 5 Grad an, das heisst, der Braten hat danach ca. 55 Grad Kerntemperatur.

Kalbsbraten mit Pilz-Kartoffeln

25 Min. + 2¼ Std. im Ofen + 10 Min. ruhen lassen

1,2 kg Kalbsbraten (z. B. Schulter)

1 EL grobkörniger Senf
1 EL Olivenöl
1 EL Wasser
1 EL Rosmarin, fein geschnitten

2 EL Bratbutter
1 TL Salz
1 roter Peperoncino, längs in Vierteln

600 g farbige fest kochende Kartoffeln, in Vierteln
250 g Pilze (z. B. Eierschwämme, Kräuterseitlinge, Champignons), in Vierteln
½ TL Salz

250 g Cherry-Tomaten am Zweig

1. Fleisch ca. 1 Std. vor dem Anbraten aus dem Kühlschrank nehmen.

Zeit in der Küche: ca. 25 Min.

2. Ofen auf 120 Grad vorheizen. Ein mit Backpapier belegtes Blech in die Mitte des Ofens schieben.
3. Senf, Öl, Wasser und Rosmarin verrühren, Marinade beiseite stellen.
4. Bratbutter in einer Bratpfanne heiss werden lassen. Fleisch salzen, rundum ca. 8 Min. anbraten, erst wenden, wenn sich eine Kruste gebildet hat. Herausnehmen, Peperoncino mit Küchenschnur auf das Fleisch binden. Fleischthermometer an der dicksten Stelle einstecken.
5. Kartoffeln in derselben Pfanne ca. 2 Min. braten, Pilze kurz mitbraten, salzen. Fleisch auf das vorgewärmte Blech legen, Kartoffeln und Pilze neben dem Fleisch verteilen.

Zeit im Ofen: ca. 2¼ Std.

6. **Braten:** ca. 1¾ Std. in der Mitte des vorgeheizten Ofens. Fleisch mit der beiseite gestellten Marinade bestreichen. Kartoffeln mischen, Tomaten darauflegen, ca. 30 Min. fertig braten. Die Kerntemperatur des Fleisches soll ca. 75 Grad betragen. Fleisch herausnehmen, zugedeckt ca. 10 Min. ruhen lassen. Kartoffeln im Ofen warm halten. Braten quer zur Faser tranchieren, mit den Kartoffeln, Pilzen und Tomaten anrichten. Entstandene Sauce dazu servieren.

Portion: 588 kcal, F 25 g, Kh 21 g, E 65 g

Mediterraner Kalbsrollbraten

35 Min. + 2 Std. im Ofen + 10 Min. ruhen lassen

Für ein weites Bratgeschirr

80 g Brot, in Würfeli
50 g entsteinte grüne Oliven, in Ringen
2 EL Milch
1 Ei
4 getrocknete Tomaten, in Streifen
3 EL Pinienkerne
2 EL Kapern, abgetropft
2 EL Petersilie, grob geschnitten
¼ TL Salz
1,2 kg Kalbsbrust, dünner Teil, vom Metzger zu einem Rechteck aufgeschnitten
je 1 Zweiglein Rosmarin und **Thymian**

---

500 g Cecei (Spitz-Peperoni), längs halbiert, entkernt
1 Dose weisse Bohnen (ca. 400 g), abgespült, abgetropft
2 Knoblauchzehen, halbiert

---

2 EL Olivenöl
1 TL Salz
wenig Pfeffer
1 dl Fleischbouillon
1 dl Madeira oder Weisswein
1 EL Akazienhonig

Zeit in der Küche: ca. 35 Min.

1. Brot und alle Zutaten bis und mit Salz gut mischen. Füllung in der Mitte des Fleisches verteilen, aufrollen. Rosmarin und Thymian mit Küchenschnur auf das Fleisch binden.
2. Peperoni, Bohnen und Knoblauch mischen, zugedeckt beiseite stellen.

Zeit im Ofen: ca. 2 Std.

3. **Braten:** Öl im Bratgeschirr in der Mitte des auf 220 Grad vorgeheizten Ofens heiss werden lassen. Fleisch würzen, ins Bratgeschirr legen, ca. 15 Min. anbraten. Hitze auf 180 Grad reduzieren, ca. 1 Std. weiterbraten. Bouillon, Madeira und Honig verrühren, dazugiessen. Beiseite gestellte Peperoni beigeben, ca. ¾ Std. fertig braten. Fleisch dabei zweimal mit der Bratflüssigkeit übergiessen und die Peperoni mischen. Braten herausnehmen, zugedeckt ca. 10 Min. ruhen lassen. Peperoni im Ofen warm halten. Braten tranchieren, mit den Peperoni anrichten. Entstandene Sauce absieben, dazu servieren.

Portion: 910 kcal, F 57 g, Kh 28 g, E 66 g

Lässt sich vorbereiten: Fleisch ca. ½ Tag im Voraus füllen, zugedeckt im Kühlschrank aufbewahren.

Schweinsbraten mit Chorizo

35 Min. + 55 Min. im Ofen + 10 Min. ruhen lassen

1,2 kg Schweinsnierstück

---

1 EL Olivenöl
1 Schalotte, in Streifen
1 Zweiglein Thymian
1 dl Süsswein (z. B. Vin Santo)
1 dl Fleischbouillon
2 dl Saucen-Halbrahm
Salz, Pfeffer, nach Bedarf

---

800 g farbige rohe Randen, geschält, in ca. 3 mm dicken Scheiben
1 EL Olivenöl
½ TL Salz
500 g fest kochende Kartoffeln, in ca. 5 mm dicken Scheiben
4 Zweiglein Thymian
1 EL Olivenöl
½ TL Salz
wenig Pfeffer

---

1 Chorizo (ca. 200 g), Haut entfernt
4 Zweiglein Thymian
8 Tranchen Bratspeck

---

1. Fleisch ca. 1 Std. vor dem Zubereiten aus dem Kühlschrank nehmen.

Zeit in der Küche: ca. 35 Min.

2. **Rahmsauce:** Öl in einer Pfanne warm werden lassen. Schalotte und Thymian andämpfen. Wein und Bouillon dazugiessen, ca. 5 Min. köcheln. Saucen-Halbrahm dazugiessen, ca. 5 Min. köcheln, bis die Sauce sämig ist, würzen. Sauce absieben, zugedeckt beiseite stellen.
3. Randen, Öl und Salz in einer Schüssel mischen. Kartoffeln, Thymian, Öl, Salz und Pfeffer mischen, beides beiseite stellen.
4. Fleisch oben ca. 3 cm tief einschneiden, Chorizo und Thymian hineinlegen. Speck kreuzweise darüberlegen, mit Küchenschnur binden, auf ein mit Backpapier belegtes Blech legen.

Zeit im Ofen: ca. 55 Min.

5. **Braten:** Fleisch ca. 15 Min. in der Mitte des auf 220 Grad vorgeheizten Ofens anbraten. Gemüse neben dem Fleisch verteilen. Hitze auf 200 Grad reduzieren, ca. 40 Min. fertig braten. Braten herausnehmen, zugedeckt ca. 10 Min. ruhen lassen. Gemüse im Ofen warm halten. Rahmsauce heiss werden lassen. Braten tranchieren, mit Gemüse und Sauce anrichten.

Portion: 1019 kcal, F 56 g, Kh 33 g, E 90 g

Lässt sich vorbereiten: Rahmsauce und Fleisch ca. 1 Tag im Voraus zubereiten bzw. füllen und binden. Beides separat zugedeckt im Kühlschrank aufbewahren.

Schweinsbraten mit Gemüse

35 Min. + 1¾ Std. im Ofen + 10 Min. ruhen lassen

Für ein weites Bratgeschirr

1,2 kg Schweinsbraten (z. B. Schulter)

2 Knoblauchzehen, halbiert

600 g Rüebli, in Stängeln
300 g Pastinaken, in Stängeln
1 EL Olivenöl
¾ TL Salz
wenig Pfeffer

2 EL Olivenöl
1 TL Salz
wenig Pfeffer

800 g fest kochende Kartoffeln, in ca. 2 cm grossen Würfeln
1 dl roter Portwein
2 dl Kalbsfond oder Fleischbouillon

1 TL Mehl
1 TL Butter, weich
1 TL Thymianblättchen
einige glattblättrige Petersilienblätter

1. Fleisch ca. 1 Std. vor dem Anbraten aus dem Kühlschrank nehmen.

Zeit in der Küche: ca. 35 Min.

2. Fleisch mit einem spitzen Messer 4-mal einstechen, Knoblauch in die Einstiche stecken.
3. Rüebli, Pastinaken, Öl, Salz und Pfeffer in einer Schüssel mischen, beiseite stellen.
4. Öl im Bratgeschirr heiss werden lassen. Fleisch würzen, rundum ca. 8 Min. anbraten, erst wenden, wenn sich eine Kruste gebildet hat. Fleischthermometer an der dicksten Stelle einstecken.

Zeit im Ofen: ca. 1¾ Std.

5. **Braten:** Fleisch ca. 1¼ Std. in der unteren Hälfte des auf 160 Grad vorgeheizten Ofens (Heissluft). Kartoffeln mit dem beiseite gestellten Gemüse mischen, auf einem mit Backpapier belegten Blech verteilen, in die obere Hälfte des Ofens schieben. Portwein und Fond über das Fleisch giessen, ca. 30 Min. fertig braten. Fleisch dabei 2-mal mit der Sauce übergiessen. Die Kerntemperatur soll ca. 75 Grad betragen. Fleisch herausnehmen, zugedeckt ca. 10 Min. ruhen lassen. Gemüse im Ofen warm halten. Sauce in eine Pfanne absieben.
6. Mehl und Butter mischen, unter die Sauce rühren, Thymian beigeben, ca. 5 Min. köcheln. Fleisch quer zur Faser tranchieren, mit Gemüse, Petersilie und Sauce anrichten.

Portion: 881 kcal, F 38 g, Kh 47 g, E 81 g

Schweinsrack mit Pilzrahmsauce

30 Min. + 1 Std. im Ofen + 10 Min. ruhen lassen

1,2 kg Schweinsrack, beim Metzger vorbestellt

---

1 EL Olivenöl
250 g Eierschwämme, halbiert
¼ TL Salz
1 Schalotte, fein gehackt
2 EL trockener weisser Vermouth (z. B. Noilly Prat)
2 dl Fleischbouillon
2 dl Saucen-Halbrahm
1 EL Petersilie, fein geschnitten

---

500 g Kürbis (z. B. Butternut), halbiert, in Scheiben
1 EL Olivenöl
¾ TL Salz

---

1 EL Olivenöl
1 TL Salz
wenig Pfeffer

---

800 g fest kochende Kartoffeln, in Schnitzen

---

1. Fleisch ca. 1 Std. vor dem Anbraten aus dem Kühlschrank nehmen.

Zeit in der Küche: ca. 30 Min.

2. **Pilzrahmsauce:** Öl in einer beschichteten Bratpfanne heiss werden lassen. Pilze ca. 4 Min. rührbraten, salzen, herausnehmen, Hitze reduzieren. Schalotte andämpfen, Vermouth und Bouillon dazugiessen, ca. 2 Min. einkochen. Saucen-Halbrahm dazugiessen, ca. 5 Min. köcheln, bis die Sauce sämig ist. Pilze wieder beigeben, Petersilie daruntermischen, zugedeckt beiseite stellen.
3. Kürbis, Öl und Salz in einer Schüssel mischen.
4. Öl in einer Bratpfanne heiss werden lassen. Fleisch würzen, rundum ca. 8 Min. anbraten, erst wenden, wenn sich eine Kruste gebildet hat. Fleisch auf ein mit Backpapier belegtes Blech legen. Fleischthermometer an der dicksten Stelle einstecken.

Zeit im Ofen: ca. 1 Std.

5. **Braten:** Fleisch ca. 25 Min. in der Mitte des auf 180 Grad vorgeheizten Ofens. Kartoffeln mit dem Kürbis mischen, neben dem Fleisch verteilen, ca. 35 Min. fertig braten. Die Kerntemperatur soll ca. 65 Grad betragen. Fleisch herausnehmen, zugedeckt ca. 10 Min. ruhen lassen. Gemüse im Ofen warm halten. Sauce heiss werden lassen. Fleisch tranchieren, mit Gemüse und Sauce anrichten.

Portion: 790 kcal, F 45 g, Kh 42 g, E 54 g

Schmorbraten mit Oliven

40 Min. + 12 Std. marinieren + 2 Std. im Ofen + 10 Min. ruhen lassen

Für ein weites Bratgeschirr oder einen Brattopf mit Deckel

1,2 kg Rindsbraten (z. B. Schulter)
4 Rüebli, in Stängeln
1 Zwiebel, in Schnitzen
2 Knoblauchzehen, halbiert
1 Lorbeerblatt
1 Nelke
je 1 Zweiglein Petersilie, Rosmarin und **Thymian**
6 dl Rotwein

Bratbutter zum Braten
1 TL Salz
wenig Pfeffer

---

2 EL Tomatenpüree
600 g kleine fest kochende Kartoffeln
100 g grüne Oliven
50 g getrocknete Tomaten
30 g getrocknete Steinpilze

---

1. Fleisch in eine grosse Schüssel geben. Rüebli und alle Zutaten bis und mit Thymian beigeben. Wein darübergiessen, zugedeckt im Kühlschrank ca. 12 Std. marinieren, Fleisch einmal wenden. Fleisch ca. 1 Std. vor dem Anbraten aus dem Kühlschrank nehmen.

Zeit in der Küche: ca. 40 Min.

2. Fleisch herausnehmen, trocken tupfen. Flüssigkeit absieben, Flüssigkeit und Gemüse beiseite stellen. Wenig Bratbutter im Bratgeschirr heiss werden lassen. Fleisch würzen, rundum ca. 8 Min. anbraten, erst wenden, wenn sich eine Kruste gebildet hat. Herausnehmen, Hitze reduzieren, Bratfett auftupfen, wenig Bratbutter beigeben.
3. Tomatenpüree mit dem beiseite gestellten Gemüse andämpfen. Die Hälfte der beiseite gestellten Flüssigkeit dazugiessen, auf die Hälfte einkochen. Kartoffeln, Oliven, Tomaten und Pilze beigeben. Restliche Flüssigkeit dazugiessen, aufkochen. Hitze reduzieren, Fleisch wieder beigeben.

Zeit im Ofen: ca. 2 Std.

4. **Schmoren:** zugedeckt ca. 2 Std. in der unteren Hälfte des auf 180 Grad vorgeheizten Ofens. Braten dabei 2-mal wenden. Herausnehmen, zugedeckt ca. 10 Min. ruhen lassen. Kartoffeln und Gemüse im Ofen warm halten. Braten quer zur Faser tranchieren, mit den Kartoffeln, dem Gemüse und der entstandenen Sauce anrichten.

Portion: 662 kcal, F 22 g, Kh 35 g, E 71 g

Roastbeef mit Yorkshire Pudding

30 Min. + 12 Std. marinieren + 30 Min. quellen lassen + 45 Min. im Ofen + 10 Min. ruhen lassen

Für eine ofenfeste Form von ca. 2½ Litern, gefettet

- **1 EL Senf**
- **2 EL Aceto balsamico**
- **2 EL Rotwein**
- **3 EL Olivenöl**
- **2 EL Worcestershire-Sauce**
- **2 Knoblauchzehen,** gepresst
- **1 EL Rosmarin,** fein geschnitten
- **1 EL Thymian,** fein geschnitten
- **1 kg Entrecôte am Stück**

- **200 g Mehl**
- **¾ TL Salz**
- **3 dl Milch**
- **3 frische Eier,** verklopft
- **20 g Butter,** flüssig, abgekühlt
- **1 dl Wasser**

- **1 TL Salz**
- **wenig Pfeffer**
- **1 EL Bratbutter**

1. Senf und alle Zutaten bis und mit Thymian verrühren, Fleisch damit bestreichen, zugedeckt im Kühlschrank ca. 12 Std. marinieren. Fleisch aus dem Kühlschrank nehmen, Marinade abstreifen, beiseite stellen.

Zeit in der Küche: ca. 30 Min.

2. Mehl und Salz in einer Schüssel mischen. Milch dazugiessen, mit dem Schwingbesen glatt rühren. Eier, Butter und Wasser darunterrühren, zugedeckt ca. 30 Min. quellen lassen.
3. Fleisch trocken tupfen, würzen. Bratbutter in einer Bratpfanne heiss werden lassen. Fleisch rundum ca. 4 Min. anbraten, auf das Ofengitter legen. Fleischthermometer an der dicksten Stelle einstecken.
4. Form auf ein Backblech stellen, auf der untersten Rille des Ofens einschieben. Ofen auf 180 Grad vorheizen. Teig gut umrühren, in die Form giessen. Ofengitter mit dem Fleisch über der Form in die Mitte des Ofens schieben. Fleisch mit wenig Marinade bestreichen.

Zeit im Ofen: ca. 45 Min.

5. **Braten/backen:** ca. 45 Min. Fleisch dabei einmal mit restlicher Marinade bestreichen. Die Kerntemperatur soll ca. 50 Grad betragen. Fleisch herausnehmen, zugedeckt ca. 10 Min. ruhen lassen. Yorkshire Pudding im ausgeschalteten Ofen warm halten. Fleisch tranchieren, mit dem Yorkshire Pudding anrichten.

Hinweis: Der mit Bratensaft durchtränkte Yorkshire Pudding fällt nach dem Backen etwas in sich zusammen.

Portion: 793 kcal, F 38 g, Kh 42 g, E 69 g

Kalbskoteletts mit Wintergemüse

30 Min. + 25 Min. im Ofen

100 g Butter, weich
2 EL Petersilie, fein geschnitten
1 Bio-Zitrone, abgeriebene Schale und 1 EL Saft
½ TL Edelsüss-Paprika
¼ TL Salz

---

400 g Rosenkohl, halbiert
Wasser, siedend

---

4 Kalbskoteletts (je ca. 250 g)
2 EL Olivenöl
1 TL Salz
wenig Pfeffer

---

500 g Süsskartoffeln, geschält, in ca. 5 mm dicken Scheiben
400 g Pastinaken, in Stängeln
1 EL Olivenöl
¾ TL Salz
wenig Pfeffer

Zeit in der Küche: ca. 30 Min.

1. **Kräuterbutter:** Butter mit den Schwingbesen des Handrührgeräts ca. 2 Min. schaumig rühren. Petersilie, Zitronenschale und -saft darunterrühren, würzen, zugedeckt beiseite stellen.
2. Rosenkohl ca. 1 Min. blanchieren, mit einer Schaumkelle herausnehmen, kurz in eiskaltes Wasser legen, gut abtropfen.
3. Grillpfanne heiss werden lassen. Fleisch mit dem Öl bestreichen, würzen, beidseitig je ca. 2 Min. grillieren. Herausnehmen, auf das Ofengitter legen.
4. Süsskartoffeln und alle restlichen Zutaten in einer Schüssel mischen, auf einem mit Backpapier belegten Blech verteilen.

Zeit im Ofen: ca. 25 Min.

5. **Braten:** Süsskartoffeln ca. 15 Min. in der Mitte des auf 200 Grad vorgeheizten Ofens. Süsskartoffeln mischen, Rosenkohl darauf verteilen. Fleisch in die obere Hälfte des Ofens schieben, ca. 10 Min. fertig braten. Kräuterbutter dazu servieren.

Portion: 818 kcal, F 51 g, Kh 37 g, E 49 g

Tipp: Statt frischen tiefgekühlten Rosenkohl, angetaut, verwenden.

Lässt sich vorbereiten: Kräuterbutter ca. 1 Tag im Voraus zubereiten, zugedeckt im Kühlschrank aufbewahren. Ca. 30 Min. vor dem Servieren aus dem Kühlschrank nehmen.

Herbstliche Koteletts

30 Min. + 25 Min. im Ofen

1 EL Olivenöl
4 Schweinskoteletts (je ca. 220 g)
¾ TL Salz
wenig Pfeffer
400 g tiefgekühlte Marroni, angetaut

---

2 EL Olivenöl
1 Bio-Orange, abgeriebene Schale und 2 EL Saft
2 EL Salbei, fein geschnitten
1 roter Chili, entkernt, fein gehackt

---

1 EL Olivenöl
1 rote Zwiebel, in feinen Streifen
600 g Rotkabis, fein gehobelt
1 EL Rotweinessig
1 EL flüssiger Honig
1 dl Gemüsebouillon
Salz, Pfeffer, nach Bedarf
4 kleine Äpfel (z. B. Gala), Schale mehrfach eingeschnitten

Zeit in der Küche: ca. 30 Min.

1. Öl in einer Bratpfanne heiss werden lassen. Fleisch würzen, beidseitig je ca. 3 Min. anbraten. Herausnehmen, auf das Ofengitter legen. Marroni in derselben Pfanne ca. 2 Min. rührbraten, beiseite stellen.
2. **Orangen-Salbei-Öl:** Öl, Orangenschale und -saft mit Salbei und Chili verrühren, beiseite stellen.
3. Öl in einer Pfanne warm werden lassen. Zwiebel andämpfen. Kabis, Essig, Honig und Bouillon beigeben, zugedeckt ca. 5 Min. dämpfen, würzen. Kabis mit den Äpfeln auf einem mit Backpapier belegten Blech verteilen.

Zeit im Ofen: ca. 25 Min.

4. **Braten:** Kabis ca. 15 Min. in der Mitte des auf 200 Grad vorgeheizten Ofens. Kabis mischen, Marroni darauf verteilen. Fleisch in die obere Hälfte des Ofens schieben, ca. 10 Min. fertig braten. Orangen-Salbei-Öl dazu servieren.

Portion: 722 kcal, F 32 g, Kh 61 g, E 43 g

Filet-Duo mit Zitronenrahmsauce

35 Min. + 1 Std. marinieren + 1¼ Std. im Ofen

Für 4 ofenfeste Förmchen von je ca. 5 dl, gefettet

---

1 EL Olivenöl
¼ TL Edelsüss-Paprika
400 g Rindsfilet
400 g Kalbsfilet
4 Zweiglein Thymian

---

1 EL Butter
1 Schalotte, fein gehackt
1 Bio-Zitrone, abgeriebene Schale und ganzer Saft
1 dl Fleischbouillon
2 dl Saucen-Halbrahm
Salz, Pfeffer, nach Bedarf

---

4 Beutel Kartoffelstockflocken mit Milch (je ca. 43 g, Stocki)
100 g Cherry-Tomaten am Zweig
20 g Haselnüsse, grob gehackt
4 EL geriebener Sbrinz
einige Butterflöckli

---

1 EL Olivenöl
¾ TL Salz

Zeit in der Küche: ca. 35 Min.

1. Öl und Paprika mischen, beide Filets damit bestreichen. Thymian darauflegen, zugedeckt ca. 1 Std. marinieren.
2. **Zitronenrahmsauce:** Butter in einer Pfanne warm werden lassen. Schalotte andämpfen, Zitronenschale und -saft beigeben. Bouillon und Rahm dazugiessen, aufkochen, Hitze reduzieren, ca. 10 Min. köcheln, würzen.
3. Kartoffelstock nach Angabe auf der Verpackung zubereiten, in die vorbereiteten Förmchen füllen. Tomaten, Nüsse, Käse und Butter darauf verteilen.
4. Ofen auf 80 Grad vorheizen, Platte vorwärmen.
5. Öl in einer Bratpfanne heiss werden lassen. Fleisch salzen, Kalbsfilet rundum ca. 2 Min. anbraten, Rindsfilet rundum ca. 3 Min. mitbraten, herausnehmen. Fleisch mit dem Thymian auf die vorgewärmte Platte legen. Fleischthermometer an der dicksten Stelle des Rindsfilets einstecken.

Zeit im Ofen: ca. 1¼ Std.

6. **Niedergaren:** Fleisch und Kartoffelstock-Gratins ca. 1¼ Std. in der Mitte des Ofens. Die Kerntemperatur des Fleisches soll ca. 55 Grad betragen. Sauce heiss werden lassen. Fleisch quer zur Faser tranchieren, mit den Gratins und der Sauce anrichten.

Portion: 582 kcal, F 39 g, Kh 9 g, E 49 g

Lammrack mit Ratatouille

30 Min. + 20 Min. im Ofen

1 EL Olivenöl
2 Lammracks (je ca. 400 g)
¾ TL Salz
wenig Pfeffer

1 EL Olivenöl
1 Aubergine, in ca. 1½ cm grossen Stücken
1 Zucchini, in ca. 1½ cm grossen Stücken
1 gelbe Peperoni, in ca. 1½ cm grossen Stücken
¾ TL Salz
wenig Pfeffer
1 Dose Kichererbsen (ca. 400 g), abgespült, abgetropft
1 Schalotte, fein gehackt
2 Zweiglein Thymian
500 g Cherry-Tomaten, halbiert
2 EL Aceto balsamico

Zeit in der Küche: ca. 30 Min.

1. Öl in einer Bratpfanne heiss werden lassen. Fleisch würzen, rundum ca. 4 Min. anbraten. Fleisch auf ein mit Backpapier belegtes Blech legen. Fleischthermometer so einstecken, dass es den Knochen nicht berührt.
2. Öl in derselben Pfanne heiss werden lassen. Aubergine, Zucchini und Peperoni ca. 4 Min. rührbraten, würzen. Kichererbsen, Schalotte und Thymian ca. 2 Min. mitbraten. Tomaten und Aceto beigeben, alles neben dem Fleisch auf dem Blech verteilen.

Zeit im Ofen: ca. 20 Min.

3. **Braten:** ca. 20 Min. in der Mitte des auf 180 Grad vorgeheizten Ofens. Die Kerntemperatur soll ca. 55 Grad betragen. Fleisch tranchieren, mit dem Ratatouille anrichten.

Portion: 442 kcal, F 21 g, Kh 21 g, E 40 g

Variante (Titelbild)

Lammracks würzen und anbraten wie oben (Schritt 1). 600 g Baby-Kartoffeln, geviertelt, mit 1 EL Olivenöl, ½ TL Salz und 2 Zweiglein Rosmarin mischen, ca. 15 Min. im Ofen braten wie oben. Lammracks neben die Kartoffeln legen, ca. 15 Min. weiterbraten. 500 g Cherry-Tomaten am Zweig dazulegen, ca. 5 Min. fertig braten.

Tipp: Mit Kräuterbutter (S. 58) servieren.

Gefüllte Mistkratzerli mit Spargeln

25 Min. + 50 Min. im Ofen

4 Mistkratzerli (je ca. 500 g)

---

100 g Weissbrot (z. B. Tessinerbrot), in Würfeli
1 Zwiebel, fein gehackt
1 Knoblauchzehe, gepresst
3 EL getrocknete Cranberrys
2 EL Schnittlauch, fein geschnitten
1 EL Olivenöl

---

500 g grüne Spargeln, unteres Drittel geschält, halbiert
500 g weisse Spargeln, geschält, halbiert
1 EL Olivenöl
¾ TL Salz
wenig Pfeffer

---

2 EL Olivenöl
1 TL Edelsüss-Paprika
½ TL milder Curry
1 TL Salz

Zeit in der Küche: ca. 25 Min.

1. Mistkratzerli innen und aussen kalt abspülen, trocken tupfen.
2. Brot und alle Zutaten bis und mit Öl mischen. Mistkratzerli damit füllen, mit Küchenschnur binden, auf ein mit Backpapier belegtes Blech legen.
3. Spargeln, Öl, Salz und Pfeffer in einer Schüssel mischen, auf einem zweiten mit Backpapier belegten Blech verteilen.
4. Öl, Paprika, Curry und Salz mischen, Mistkratzerli damit bestreichen.

Zeit im Ofen: ca. 50 Min.

5. **Braten:** Mistkratzerli ca. 30 Min. in der Mitte des auf 180 Grad vorgeheizten Ofens (Heissluft). Spargeln in die untere Hälfte des Ofens schieben, Hitze auf 200 Grad (Heissluft) erhöhen, ca. 20 Min. fertig braten.

Portion: 674 kcal, F 38 g, Kh 26 g, E 54 g

Lässt sich vorbereiten: Mistkratzerli ca. ½ Tag im Voraus füllen, zugedeckt im Kühlschrank aufbewahren.

Schweinsvoressen

25 Min. + 2 Std. im Ofen

Bratbutter zum Braten
800 g Schweinsvoressen (z. B. Schulter)
1 EL Mehl
¾ TL Salz
wenig Pfeffer

---

150 g Speckwürfeli
1 Zwiebel, in feinen Streifen
600 g Süsskartoffeln, in ca. 1½ cm grossen Würfeln
200 g Lauch, in feinen Ringen
2 Rüebli, in ca. 5 mm dicken Scheiben
150 g tiefgekühlte Aprikosen, angetaut
2 dl saurer Most
2 dl Fleischbouillon
1 Lorbeerblatt
2 Zweiglein Thymian

Zeit in der Küche: ca. 25 Min.

1. Wenig Bratbutter im Brattopf heiss werden lassen. Fleisch portionenweise je ca. 5 Min. anbraten, mit Mehl bestäuben, herausnehmen, würzen. Hitze reduzieren, Bratfett auftupfen, evtl. wenig Bratbutter beigeben.
2. Speck in derselben Pfanne langsam knusprig braten. Zwiebel und alle Zutaten bis und mit Aprikosen mitdämpfen. Most dazugiessen, etwas einkochen. Bouillon dazugiessen, aufkochen, Hitze reduzieren. Lorbeerblatt und Thymian mit dem Fleisch beigeben, mischen.

Zeit im Ofen: ca. 2 Std.

3. **Schmoren:** zugedeckt ca. 2 Std. in der unteren Hälfte des auf 180 Grad vorgeheizten Ofens.

Portion: 649 kcal, F 29 g, Kh 40 g, E 51 g

Tipp: Statt tiefgekühlte frische Aprikosen verwenden.

Dazu passt: Brot.

Coq au Prosecco mit Zitronenpesto

35 Min. + 50 Min. im Ofen

Für eine ofenfeste Form von ca. 1 Liter, gefettet

1 Bund Petersilie, fein geschnitten
1 EL geriebener Sbrinz
1 Bio-Zitrone, abgeriebene Schale und 1 TL Saft
3 EL Olivenöl
½ TL Fleur de Sel
wenig Pfeffer

Öl zum Braten
1,2 kg Pouletteile (z. B. Ober- und Unterschenkel)
1 TL Salz
wenig Pfeffer

100 g Speckwürfeli
1 Zwiebel, fein gehackt
1 Knoblauchzehe, in Scheibchen
500 g Bundrüebli, halbiert
2 EL Mehl
2 dl Prosecco
3 dl Hühnerbouillon

250 g Langkornreis (z. B. Parboiled)
5 dl Hühnerbouillon
20 g ungesalzene geschälte Pistazien, grob gehackt

Zeit in der Küche: ca. 35 Min.

1. **Zitronenpesto:** Petersilie und alle Zutaten bis und mit Pfeffer mischen, zugedeckt beiseite stellen.
2. Wenig Öl im Brattopf heiss werden lassen. Poulet würzen, portionenweise je ca. 3 Min. anbraten, herausnehmen. Hitze reduzieren, Bratfett auftupfen, evtl. wenig Öl beigeben.
3. Speck langsam knusprig braten. Zwiebel, Knoblauch und Rüebli ca. 2 Min. andämpfen, Mehl darüberstäuben. Prosecco dazugiessen, etwas einkochen. Bouillon dazugiessen, aufkochen, Hitze reduzieren. Poulet wieder beigeben, mischen.

Zeit im Ofen: ca. 50 Min.

4. **Schmoren:** zugedeckt ca. 25 Min. in der unteren Hälfte des auf 200 Grad vorgeheizten Ofens. Reis in die vorbereitete Form geben, Bouillon aufkochen, darübergiessen, neben den Brattopf in den Ofen stellen. Deckel des Brattopfs entfernen, ca. 25 Min. fertig schmoren. Reis dabei einmal mischen. Coq au Prosecco mit dem Reis und dem Zitronenpesto anrichten, Pistazien über den Reis streuen.

Portion: 803 kcal, F 40 g, Kh 60 g, E 44 g

Lässt sich vorbereiten: Zitronenpesto ca. 1 Tag im Voraus zubereiten, zugedeckt im Kühlschrank aufbewahren.

Ossobuco mit weisser Polenta

30 Min. + 1¾ Std. im Ofen

Für ein Bratgeschirr oder einen Brattopf mit Deckel und eine ofenfeste Form von ca. 1 Liter, gefettet

- 1 Bund **glattblättrige Petersilie,** fein geschnitten
- 1 **Knoblauchzehe,** gepresst
- 1 **Bio-Zitrone,** nur abgeriebene Schale
- ¼ TL **Salz**

- 1,2 l **Gemüsebouillon**
- 250 g **feiner Maisgriess** (z. B. Polenta bianca)

- **Bratbutter** zum Braten
- 4 **Kalbshaxen** (je ca. 250 g)
- 1 TL **Salz**
- wenig **Pfeffer**

- 1 **Zwiebel,** fein gehackt
- 1 **Knoblauchzehe,** gepresst
- 300 g **Rüebli,** in Würfeli
- 200 g **Pastinaken,** in Würfeli
- 200 g **Stangensellerie,** in Scheiben
- 3 EL **dunkle Sultaninen**
- ½ EL **Mehl**
- 1½ dl **Weisswein**
- 2½ dl **Kalbsfond** oder Fleischbouillon
- 1 **Lorbeerblatt**

Zeit in der Küche: ca. 30 Min.

1. **Gremolata:** Petersilie, Knoblauch, Zitronenschale und Salz mischen, zugedeckt beiseite stellen.
2. Bouillon aufkochen, Maisgriess einrühren, unter Rühren bei kleiner Hitze ca. 4 Min. zu einem dicken Brei köcheln. Polenta in die vorbereitete Form geben.
3. Wenig Bratbutter im Bratgeschirr heiss werden lassen. Haxen würzen, beidseitig je ca. 2 Min. anbraten. Herausnehmen, Hitze reduzieren, Bratfett auftupfen, evtl. wenig Bratbutter beigeben.
4. Zwiebel und alle Zutaten bis und mit Sultaninen andämpfen. Mehl daruntermischen, Wein dazugiessen, etwas einkochen. Fond dazugiessen, aufkochen, Hitze reduzieren. Lorbeerblatt und Haxen beigeben.

Zeit im Ofen: ca. 1¾ Std.

5. **Schmoren:** zugedeckt ca. 1¼ Std. in der unteren Hälfte des auf 180 Grad vorgeheizten Ofens. Deckel entfernen, Polenta neben das Bratgeschirr in den Ofen stellen, ca. 30 Min. fertig schmoren. Haxen mit der Polenta und der Gremolata anrichten.

Portion: 576 kcal, F 13 g, Kh 67 g, E 42 g

Tipp: Die Haut der Kalbshaxen ringsum mehrmals etwas einschneiden, Haxen mit Küchenschnur binden. Dadurch bleiben die Haxen schöner in Form.

Pouletbrüstli auf Spargeln

20 Min. + 30 Min. im Ofen

500 g grüne Spargeln, unteres Drittel geschält
500 g weisse Spargeln, geschält
2 EL Olivenöl
¾ TL Salz
wenig Pfeffer

---

4 Pouletbrüstli (je ca. 180 g)
1 EL Olivenöl
1 TL Salz
1 Bundzwiebel mit dem Grün, in feinen Ringen
30 g Baumnusskerne, grob gehackt
1 Bio-Zitrone, wenig abgeriebene Schale

---

1 Tomate, in Schnitzen
150 g Mozzarella, in Scheiben
2 Prisen Salz
wenig Pfeffer
wenig Kresse
wenig Edelsüss-Paprika

Zeit in der Küche: ca. 20 Min.

1. Spargeln auf einem mit Backpapier belegten Blech verteilen. Öl darüberträufeln, würzen.
2. Pouletbrüstli mit einem spitzen Messer oben längs ca. 1 cm tief einschneiden. Öl und Salz mischen, Pouletbrüstli damit bestreichen. Bundzwiebel, Nüsse und Zitronenschale mischen, in die Pouletbrüstli füllen, auf die Spargeln legen.

Zeit im Ofen: ca. 30 Min.

3. **Backen:** ca. 25 Min. in der Mitte des auf 200 Grad vorgeheizten Ofens. Herausnehmen, Tomate und Käse auf die Pouletbrüstli legen, würzen, ca. 5 Min. fertig backen. Herausnehmen, Kresse auf dem Käse verteilen, Paprika darüberstreuen.

Portion: 487 kcal, F 24 g, Kh 10 g, E 55 g

Hackbällchen auf Auberginen

35 Min. + 40 Min. im Ofen

360 g Joghurt nature
1 Limette, heiss abgespült, trocken getupft, wenig abgeriebene Schale und 1 TL Saft
2 EL Pfefferminze, fein geschnitten
¼ TL Salz

---

800 g Hackfleisch (Rind und Schwein)
1 Dose Kichererbsen (ca. 400 g), abgespült, abgetropft
1 Scheibe Toastbrot, in wenig Milch eingeweicht, grob zerdrückt
1 Zwiebel, fein gehackt
1 Knoblauchzehe, gepresst
1 Ei
3 EL geriebener Sbrinz
¼ TL Cayennepfeffer
1½ TL Salz
3 EL Paniermehl

---

500 g Auberginen, in ca. 1 cm dicken Scheiben
2 EL Olivenöl
¾ TL Salz
wenig Pfeffer

---

100 g Johannisbeeren

Zeit in der Küche: ca. 35 Min.

1. **Limetten-Joghurt:** Joghurt und alle Zutaten bis und mit Salz verrühren, zugedeckt kühl stellen.
2. Fleisch, die Hälfte der Kichererbsen und alle Zutaten bis und mit Salz in einer Schüssel mischen, von Hand gut kneten, bis sich die Zutaten zu einer kompakten Masse verbinden. Masse mit nassen Händen in 8 Portionen teilen, zu Kugeln formen, im Paniermehl wenden. Hackbällchen auf ein mit Backpapier belegtes Blech legen.
3. Schnittflächen der Auberginen mit einem Messer mehrmals einritzen, neben die Hackbällchen auf das Blech legen. Öl darüberträufeln, würzen. Restliche Kichererbsen darauf verteilen.

Zeit im Ofen: ca. 40 Min.

4. **Braten:** ca. 40 Min. in der Mitte des auf 200 Grad vorgeheizten Ofens. Auberginen dabei einmal wenden. Herausnehmen, mit den Johannisbeeren anrichten, Limetten-Joghurt dazu servieren.

Portion: 710 kcal, F 41 g, Kh 30 g, E 53 g

Dazu passen: grilliertes Brot (z. B. Fladenbrot), Toasts oder Couscous.

Schweinsmedaillons auf Polenta

35 Min. + 6 Min. im Ofen

1 EL scharfer Senf
3 EL Apfelessig
4 EL Rapsöl
Salz, Pfeffer, nach Bedarf

---

1 EL Olivenöl
1 Zwiebel, fein gehackt
1 Knoblauchzehe, gepresst
1 l Gemüsebouillon
200 g mittelfeiner Maisgriess (4 Min.)
80 g geriebener Gruyère

---

1 EL Bratbutter
8 Schweinsmedaillons (je ca. 80 g, ca. 3 cm dick)
¾ TL Salz
wenig Pfeffer

---

50 g Toastbrot, grob gehackt
50 g Butter
30 g Mandelblättchen
3 EL glattblättrige Petersilie, grob gehackt
½ TL Fleur de Sel

---

100 g Jungsalat
1 Bund Radiesli, in Scheibchen
40 g Haselnüsse, grob gehackt, geröstet

Zeit in der Küche: ca. 35 Min.

1. Senf, Essig und Öl verrühren, Salatsauce würzen, zugedeckt beiseite stellen.
2. Öl in einer Pfanne warm werden lassen. Zwiebel und Knoblauch andämpfen. Bouillon dazugiessen, aufkochen. Mais einrühren, Hitze reduzieren, unter Rühren bei kleiner Hitze ca. 4 Min. zu einem dicken Brei köcheln. Polenta noch heiss auf einem mit Backpapier belegten Blech zu 8 Talern formen, etwas abkühlen, Käse darüberstreuen.
3. Bratbutter in einer Bratpfanne heiss werden lassen. Fleisch beidseitig je ca. 3 Min. anbraten, herausnehmen, würzen.
4. Toastbrot, Butter, Mandeln, Petersilie und Fleur de Sel mischen, auf den Medaillons verteilen, etwas andrücken, auf die Polenta-Taler legen.

Zeit im Ofen: ca. 6 Min.

5. **Backen:** ca. 6 Min. in der Mitte des auf 220 Grad vorgeheizten Ofens.
6. Salat, Radiesli und Nüsse in die Salatsauce geben, mischen, dazu servieren.

Portion: 910 kcal, F 55 g, Kh 48 g, E 52 g

Tipp: Statt Schweinsmedaillons Kalbsmedaillons verwenden.

Lachsfilet auf Tomaten

15 Min. + 1 Std. im Ofen

150 g griechisches Joghurt nature
1 Bio-Zitrone, wenig abgeriebene Schale und 1 TL Saft
1 EL Basilikum, fein geschnitten
wenig roter Tabasco
2 Prisen Fleur de Sel

---

800 g Lachsfilet ohne Haut (Bio), graue Fettschicht entfernt
1 EL Olivenöl
1 EL grobkörniger Rohzucker
1 TL Edelsüss-Paprika
¾ TL Fleur de Sel

---

600 g Tomaten (z. B. Ochsenherz), in Scheiben
250 g Cherry-Tomaten, halbiert
2 EL Olivenöl
1 TL Fleur de Sel
½ TL Pfefferkörner (z. B. Tasmanischer Pfeffer), zerstossen

---

einige Basilikumblätter

Zeit in der Küche: ca. 15 Min.

1. **Basilikum-Joghurt:** Joghurt und alle Zutaten bis und mit Fleur de Sel verrühren, zugedeckt kühl stellen.
2. Fischfilet auf ein mit Backpapier belegtes Blech legen, mit Öl bestreichen. Rohzucker, Paprika und Fleur de Sel mischen, Fisch damit würzen.
3. Tomaten neben dem Fisch verteilen, Öl darüberträufeln, würzen.

Zeit im Ofen: ca. 1 Std.

4. **Niedergaren:** ca. 1 Std. in der Mitte des auf 80 Grad vorgeheizten Ofens. Herausnehmen, Basilikum darüberstreuen, mit dem Basilikum-Joghurt anrichten.

Portion: 586 kcal, F 41 g, Kh 12 g, E 41 g

Dazu passen: Baguette, Pittabrote.

Tipp: Mischen Sie im Sommer rote, orange, gelbe und grüne, grosse und kleine Tomaten – ganz nach Ihrem Geschmack.

Ofen-Forellen mit Gemüse

25 Min. + 30 Min. im Ofen

4 Forellen (Bio, je ca. 230 g)
8 Zweiglein Thymian
1 EL Mehl
2 TL Edelsüss-Paprika
1 TL Salz
1 EL Olivenöl

---

600 g fest kochende Kartoffeln, in Schnitzen
400 g Rüebli, schräg in Scheiben
1 Kohlrabi, in Schnitzen
2 Zweiglein Thymian
2 EL Olivenöl
¾ TL Salz
wenig Pfeffer
1 Bio-Zitrone, in Vierteln

---

wenig Kresse

Zeit in der Küche: ca. 25 Min.

1. Fische innen und aussen kalt abspülen, trocken tupfen. Thymian in den Bauch der Fische verteilen, Fische auf ein mit Backpapier belegtes Blech legen. Mehl, Paprika und Salz mischen, Fische damit bestreuen, gut andrücken, Öl darüberträufeln.
2. Kartoffeln und alle Zutaten bis und mit Pfeffer in einer Schüssel mischen, auf einem zweiten mit Backpapier belegten Blech verteilen. Zitrone darauflegen.

Zeit im Ofen: ca. 30 Min.

3. **Braten:** Fische in der oberen Hälfte, Gemüse in der unteren Hälfte ca. 30 Min. im auf 180 Grad vorgeheizten Ofen (Heissluft). Herausnehmen, Gemüse mit den Fischen anrichten, mit Kresse garnieren.

Portion: 456 kcal, F 22 g, Kh 28 g, E 33 g

Tipp: Die Forellen mit Zitronengras, Ingwer- und Limettenscheiben füllen, so erhalten sie ein raffiniertes asiatisches Zitrusaroma.

Pikante Crevetten mit Süsskartoffeln

30 Min. + 25 Min. im Ofen

250 g Magerquark
2 EL Pfefferminze, fein geschnitten
2 Prisen Fleur de Sel

---

350 g tiefgekühlte Kefen, schräg halbiert
Wasser, siedend
¼ TL Salz

---

600 g geschälte rohe Crevettenschwänze (Bio)
2 Knoblauchzehen, in Scheibchen
1 roter Peperoncino, entkernt, in Ringen
2 Stängel Zitronengras, Inneres fein gehackt
2 EL Sesam
1 EL Olivenöl

---

800 g Süsskartoffeln, geschält, in Schnitzen
1 rote Zwiebel, in Schnitzen
2 EL Olivenöl
½ TL Salz

½ TL Salz
1 Limette, heiss abgespült, trocken getupft, in Schnitzen

Zeit in der Küche: ca. 30 Min.

1. **Pfefferminz-Quark:** Quark, Pfefferminze und Fleur de Sel verrühren, zugedeckt kühl stellen.
2. Kefen ca. 2 Min. blanchieren, mit einer Schaumkelle herausnehmen, kurz in eiskaltes Wasser legen, gut abtropfen, salzen.
3. Crevetten und alle Zutaten bis und mit Öl mischen, zugedeckt im Kühlschrank aufbewahren.
4. Süsskartoffeln, Zwiebel, Öl und Salz in einer Schüssel mischen, auf einem mit Backpapier belegten Blech verteilen.

Zeit im Ofen: ca. 25 Min.

5. **Braten:** Süsskartoffeln ca. 15 Min. in der Mitte des auf 220 Grad vorgeheizten Ofens. Herausnehmen, Crevetten salzen, mit den Kefen neben den Süsskartoffeln auf dem Blech verteilen. Ca. 10 Min. fertig braten, Crevetten dabei einmal mischen. Herausnehmen, Pfefferminz-Quark und Limettenschnitze dazu servieren.

Portion: 495 kcal, F 13 g, Kh 47 g, E 43 g

Tipp: Statt tiefgekühlte frische Kefen verwenden.

Kalbsmedaillons mit Käsekruste

25 Min. + 15 Min. im Ofen

8 Kalbsmedaillons (je ca. 80 g, ca. 3 cm dick)
½ TL Salz
wenig Pfeffer
8 Salbeiblätter
8 Tranchen Bratspeck
1 EL Bratbutter

100 g Bergkäse (z. B. Bündner), grob gerieben
100 g Eierschwämme, fein gehackt
2 EL Baumnusskerne, fein gehackt
2 EL Paniermehl
1 EL Salbei, fein geschnitten
¼ TL Salz
wenig Pfeffer

1 ausgewallter Blätterteig (ca. 25 × 42 cm)
1 Ei, verklopft

Zeit in der Küche: ca. 25 Min.

1. Medaillons würzen, mit Salbei und Speck umwickeln. Bratbutter in einer Bratpfanne heiss werden lassen. Fleisch beidseitig je ca. 3 Min. anbraten. Herausnehmen, etwas abkühlen.
2. Käse und alle Zutaten bis und mit Pfeffer mischen. Masse auf den Medaillons verteilen, etwas andrücken.
3. Teig entrollen, in 8 Rechtecke schneiden, auf ein mit Backpapier belegtes Blech legen. Teigecken einschlagen, Teig mit einer Gabel dicht einstechen, mit wenig Ei bestreichen.

Zeit im Ofen: ca. 15 Min.

4. **Backen:** Teigböden ca. 10 Min. in der unteren Hälfte des auf 220 Grad vorgeheizten Ofens. Herausnehmen, Medaillons darauflegen, ca. 5 Min. in der Mitte des Ofens fertig backen.

Portion: 782 kcal, F 48 g, Kh 36 g, E 52 g

Dazu passt: Blattsalat.

Tipp: Statt Eierschwämme Champignons verwenden.

Lässt sich vorbereiten: Filets mit der Käsehaube ca. ½ Tag im Voraus vorbereiten. Zugedeckt im Kühlschrank aufbewahren.

Filet im Teig mit Rahmwirz

40 Min. + 30 Min. im Ofen + 10 Min. ruhen lassen

1 EL Olivenöl
2 Schweinsfilets (je ca. 350 g)
1 TL Salz
wenig Pfeffer
2 EL scharfer Senf

---

2 Schweinsbratwürste (ca. 200 g)
2 EL getrocknete Cranberrys
2 EL Pinienkerne, geröstet
2 EL Petersilie, fein geschnitten
1 EL Cognac

---

1 ausgewallter Blätterteig (ca. 25×42 cm)
4 Tranchen Hinterschinken (ca. 120 g)
1 Ei, verklopft

---

1 EL Butter
500 g Wirz, in Streifen
1 dl Gemüsebouillon
2 dl Saucen-Halbrahm
Salz, nach Bedarf

Zeit in der Küche: ca. 40 Min.

1. Öl in einer Bratpfanne heiss werden lassen. Filets würzen, rundum ca. 2 Min. anbraten. Herausnehmen, auf einem Gitter etwas abkühlen, Filets mit Senf bestreichen.
2. Bratwürste aufschneiden, Brät in eine Schüssel drücken. Cranberrys, Pinienkerne, Petersilie und Cognac gut daruntermischen.
3. Teig entrollen, quer halbieren, je 2 Tranchen Schinken auf die Teige legen. Füllung darauf verteilen, Filets darauflegen. Teigränder mit wenig Ei bestreichen, locker über die Filets legen. Beide Teigpäckli mit dem Verschluss nach unten auf ein mit Backpapier belegtes Blech legen. Teig mit Ei bestreichen, mit einer Gabel dicht einstechen, ca. 20 Min. kühl stellen.
4. Butter in einer Pfanne warm werden lassen. Wirz andämpfen. Bouillon und Saucen-Halbrahm dazugiessen, zugedeckt ca. 5 Min. knapp weich dämpfen, salzen.

Zeit im Ofen: ca. 30 Min.

5. **Backen:** Filets im Teig ca. 30 Min. in der unteren Hälfte des auf 200 Grad vorgeheizten Ofens. Herausnehmen, ca. 10 Min. ruhen lassen. Rahmwirz heiss werden lassen. Filets tranchieren, mit dem Wirz anrichten.

Portion: 955 kcal, F 57 g, Kh 42 g, E 65 g

Lässt sich vorbereiten: Filets ½ Tag im Voraus bis und mit dem Einpacken in den Blätterteig vorbereiten, zugedeckt im Kühlschrank aufbewahren.

Lammnierstück im Strudelpäckli

25 Min. + 32 Min. im Ofen

200 g saurer Halbrahm
2 EL Petersilie, fein geschnitten
2 Prisen Salz
wenig Pfeffer

---

1 EL Olivenöl
4 Lammnierstücke (je ca. 180 g)
½ TL Salz
wenig Pfeffer
80 g Rohessspeck in Tranchen

---

1 Päckli Strudelteig (ca. 120 g)
3 EL Olivenöl
1 EL Thymianblättchen
4 EL Paniermehl

---

800 g bunte Rüebli, in Stängeln
1 EL Olivenöl
½ TL Salz
wenig Pfeffer

Zeit in der Küche: ca. 25 Min.

1. Sauren Halbrahm, Petersilie, Salz und Pfeffer verrühren, zugedeckt kühl stellen.
2. Öl in einer Bratpfanne heiss werden lassen. Fleisch beidseitig je ca. 30 Sek. anbraten, herausnehmen, würzen, auf einem Gitter auskühlen. Fleisch mit dem Speck umwickeln.
3. Teigblätter auseinanderfalten. Öl und Thymian mischen, zwei Teigblätter mit wenig Öl bestreichen. Die restlichen Teigblätter darauflegen, beide quer halbieren. Paniermehl in der Grösse des Fleisches auf der Mitte der Teigstücke verteilen, Fleisch darauflegen. Teig von allen Seiten übers Fleisch legen, Päckli mit Küchenschnur binden, auf ein mit Backpapier belegtes Blech legen, mit Öl bestreichen.
4. Rüebli, Öl, Salz und Pfeffer in einer Schüssel mischen, auf einem zweiten mit Backpapier belegten Blech verteilen.

Zeit im Ofen: ca. 32 Min.

5. **Backen:** Rüebli ca. 20 Min. in der unteren Hälfte des auf 180 Grad vorgeheizten Ofens (Heissluft). Strudelpäckli in die obere Hälfte des Ofens schieben, ca. 12 Min. fertig backen. Herausnehmen, Päckli mit dem restlichen Öl bestreichen, mit Rüebli und Sauce anrichten.

Portion: 712 kcal, F 38 g, Kh 38 g, E 50 g

Lässt sich vorbereiten: Strudelpäckli ca. ½ Tag im Voraus vorbereiten, zugedeckt im Kühlschrank aufbewahren. Ca. 15 Min. vor dem Backen aus dem Kühlschrank nehmen.

Lachs im Blätterteig

40 Min. + 20 Min. im Ofen

1 ausgewallter Blätterteig (ca. 25×42 cm)
80 g Rohessspeck in Tranchen
50 g gemahlene Haselnüsse
1 Bund glattblättrige Petersilie, fein geschnitten
wenig Pfeffer

---

800 g Lachsfilet ohne Haut (Bio), graue Fettschicht entfernt
¾ TL Salz
wenig Pfeffer
1 Ei, verklopft

---

1 EL Olivenöl
1 Zwiebel, fein gehackt
500 g Krautstiel, in feinen Streifen
½ TL Salz
50 g Frischkäse mit Meerrettich
250 g Cherry-Tomaten am Zweig
2 TL Olivenöl
2 Prisen Fleur de Sel
wenig Pfeffer

Zeit in der Küche: ca. 40 Min.

1. Teig entrollen. Speck leicht überlappend in der Grösse des Fisches auf den Teig legen. Nüsse, Petersilie und Pfeffer mischen, die Hälfte davon auf dem Speck verteilen.
2. Fischfilet würzen, mit der Oberseite auf die Nüsse legen, restliche Nüsse auf dem Fischfilet verteilen. Teigränder mit wenig Ei bestreichen, Teig locker über den Fisch legen. Teigpäckli mit dem Verschluss nach unten auf ein mit Backpapier belegtes Blech legen. Teig mit Ei bestreichen, mit einer Gabel dicht einstechen, ca. 20 Min. kühl stellen.
3. Öl in einer Pfanne warm werden lassen. Zwiebel andämpfen. Krautstiel ca. 5 Min. mitdämpfen, salzen. Frischkäse daruntermischen. Tomaten auf einen Teller legen. Öl darüberträufeln, würzen, beiseite stellen.

Zeit im Ofen: ca. 20 Min.

4. **Backen:** Lachs im Teig ca. 20 Min. in der unteren Hälfte des auf 220 Grad vorgeheizten Ofens. Herausnehmen, ca. 5 Min. ruhen lassen. Tomaten in den Ofen schieben, heiss werden lassen. Krautstiel heiss werden lassen. Lachs in Tranchen schneiden, mit dem Krautstiel und den Tomaten anrichten.

Portion: 1023 kcal, F 71 g, Kh 40 g, E 54 g

Lässt sich vorbereiten: Lachs ca. ½ Tag im Voraus im Blätterteig einpacken, zugedeckt im Kühlschrank aufbewahren.

Feines für Vegis und Veganer

Honigtomaten mit Kichererbsen

15 Min. + 25 Min. im Ofen — vegi

1 kg Cherry-Tomaten
1 EL Olivenöl
1 EL flüssiger Honig
½ TL Salz
wenig Pfeffer

---

2 Dosen Kichererbsen (je ca. 400 g), abgespült, abgetropft
1 EL Olivenöl
2 EL Basilikum, fein geschnitten
½ TL Salz
wenig Pfeffer

---

200 g Feta, zerbröckelt
1 EL Olivenöl
1 Bio-Zitrone, abgeriebene Schale und 1 EL Saft
wenig Pfeffer
einige Basilikumblätter

Zeit in der Küche: ca. 15 Min.

1. Tomaten und alle Zutaten bis und mit Pfeffer in einer Schüssel mischen, auf einer Hälfte eines mit Backpapier belegten Bleches verteilen.
2. Kichererbsen und alle Zutaten bis und mit Pfeffer mischen, neben den Tomaten auf dem Blech verteilen.

Zeit im Ofen: ca. 25 Min.

3. **Backen:** ca. 25 Min. in der Mitte des auf 200 Grad vorgeheizten Ofens. Herausnehmen, Feta darauf verteilen. Öl, Zitronenschale und -saft verrühren, würzen, darüberträufeln. Basilikum darüberstreuen.

Portion: 441 kcal, F 24 g, Kh 34 g, E 21 g

Tipp: Nehmen Sie den Feta, sobald das Blech im Ofen ist, aus dem Kühlschrank, damit er beim Servieren Raumtemperatur hat.

Kartoffeln mit Zucchini und Mozzarella

20 Min. + 25 Min. im Ofen · vegi

1 Bio-Zitrone, wenig abgeriebene Schale und 2 EL Saft
2 EL Olivenöl
2 EL Pfefferminze, grob geschnitten
2 Prisen Fleur de Sel
wenig Pfeffer

---

800 g fest kochende Kartoffeln, in ca. 5 mm dicken Scheiben
1 EL Olivenöl
¾ TL Salz
wenig Pfeffer
2 Zweiglein Rosmarin

---

600 g grüne und gelbe Zucchini, in ca. 1 cm dicken Scheiben
1 EL Olivenöl
¾ TL Salz
wenig Pfeffer

---

2 Mozzarella di Bufala (je ca. 125 g), halbiert

Zeit in der Küche: ca. 20 Min.

1. Zitronenschale und -saft, Öl und Pfefferminze verrühren, würzen, zugedeckt beiseite stellen.
2. Kartoffeln und alle Zutaten bis und mit Rosmarin in einer Schüssel mischen, auf einem mit Backpapier belegten Blech verteilen.
3. Zucchini, Öl, Salz und Pfeffer mischen, auf einem zweiten mit Backpapier belegten Blech verteilen.

Zeit im Ofen: ca. 25 Min.

4. **Backen:** ca. 25 Min. im auf 180 Grad vorgeheizten Ofen (Heissluft). Herausnehmen, Gemüse auf Teller verteilen, Mozzarella darauflegen, Pfefferminzöl darüberträufeln.

Portion: 421 kcal, F 27 g, Kh 29 g, E 14 g

Maisschnitten mit Morchelsauce

35 Min. + 30 Min. im Ofen — vegi

1 EL Butter
1 Schalotte, fein gehackt
40 g getrocknete Morcheln, eingeweicht, halbiert, gut gewaschen, abgetropft
2 EL Cognac
2 dl Saucen-Halbrahm
1½ dl Gemüsebouillon
Salz, Pfeffer, nach Bedarf

---

1 l Gemüsebouillon
250 g mittelfeiner Maisgriess (4 Min.)
2 EL Petersilie, fein geschnitten
Salz, Pfeffer, nach Bedarf

80g geriebener Gruyère

---

500 g grüne Spargeln, unteres Drittel geschält
500 g weisse Spargeln, geschält
2 EL Olivenöl
1 TL Salz
wenig Pfeffer

Zeit in der Küche: ca. 35 Min.

1. **Morchelsauce:** Butter in einer Pfanne warm werden lassen. Schalotte und Morcheln ca. 4 Min. andämpfen. Cognac beigeben, etwas einköcheln. Saucen-Halbrahm und Bouillon dazugiessen, unter Rühren aufkochen, bei kleiner Hitze ca. 10 Min. köcheln, bis die Sauce sämig ist, würzen, zugedeckt beiseite stellen.
2. Bouillon aufkochen. Maisgriess einrühren, unter Rühren bei kleiner Hitze ca. 4 Min. köcheln. Petersilie daruntermischen, würzen.
3. Polenta auf einem kalt abgespülten Blechrücken ca. 1 cm dick ausstreichen, auskühlen. Polenta mit einem kalt abgespülten Messer in Stücke schneiden, auf ein mit Backpapier belegtes Blech legen, Käse darüberstreuen.
4. Spargeln auf einem zweiten mit Backpapier belegten Blech verteilen. Öl darüberträufeln, würzen.

Zeit im Ofen: ca. 30 Min.

5. **Backen:** Spargeln ca. 15 Min. in der unteren Hälfte des auf 180 Grad vorgeheizten Ofens (Heissluft). Maisschnitten in die obere Hälfte des Ofens schieben, ca. 15 Min. fertig backen. Morchelsauce unter Rühren wieder heiss werden lassen, dazu servieren.

Portion: 617 kcal, F 31 g, Kh 59 g, E 21 g

Lässt sich vorbereiten: Morchelsauce und Maisschnitten ca. ½ Tag im Voraus zubereiten, auskühlen, zugedeckt kühl stellen. Die Backzeit verlängert sich um ca. 5 Minuten.

Buntes Gemüse mit Quinoa

25 Min. + 30 Min. im Ofen **vegan**

Für eine ofenfeste Form von ca. 1 Liter, gefettet

---

500 g Süsskartoffeln, geschält, längs in Scheiben
2 rote Peperoni, in Vierteln
40 g Mandeln, grob gehackt
2 EL Olivenöl
¾ TL Salz
wenig Pfeffer

---

1 Tomate, in Würfeli
1 roter Chili, in Vierteln, entkernt
200 g Quinoa (z. B. Tricolore)
5 dl Gemüsebouillon

---

1 EL Olivenöl
1 Bio-Zitrone, wenig abgeriebene Schale und 1 EL Saft
150 g Cherry-Tomaten, in Vierteln
50 g Rucola, grob geschnitten

Zeit in der Küche: ca. 25 Min.

1. Süsskartoffeln, Peperoni, Mandeln, Öl, Salz und Pfeffer in einer Schüssel mischen, auf einem mit Backpapier belegten Blech verteilen.
2. Tomate und Chili in die vorbereitete Form geben. Quinoa kurz vor dem Backen beigeben, mischen. Bouillon aufkochen, dazugiessen. Form neben das Gemüse auf das Blech stellen.

Zeit im Ofen: ca. 30 Min.

3. **Backen:** ca. 20 Min. in der unteren Hälfte des auf 200 Grad vorgeheizten Ofens. Quinoa gut mischen, ca. 10 Min. fertig backen. Herausnehmen. Öl und alle restlichen Zutaten unter die Quinoa mischen, mit den Süsskartoffeln und den Peperoni anrichten.

Portion: 463 kcal, F 18 g, Kh 58 g, E 13 g

Hinweis: Süsskartoffeln gibt es in verschiedenen Farben: orange, violette oder weisse. Geschmacklich sind alle ähnlich.

Lauch-Kartoffel-Auflauf mit Rauchtofu

30 Min. + 50 Min. im Ofen   vegan

Für eine ofenfeste Form von ca. 2 Litern, gefettet

500 g mehlig kochende Kartoffeln, in ca. 3 mm dicken Scheiben
500 g Lauch, in feinen Ringen
1 EL Olivenöl
½ TL Salz
5 dl Soja-Rahm
2 EL glattblättrige Petersilie, fein geschnitten
½ TL Salz

1 TL Maizena
2 EL Sojasauce
400 g geräucherter Tofu, in ca. 1 cm grossen Würfeln
250 g Pilze (z. B. Kräuterseitlinge, Champignons), in Scheiben
1 EL Olivenöl
1 roter Peperoncino, entkernt, in Ringen

Zeit in der Küche: ca. 30 Min.

1. Kartoffeln, Lauch, Öl und Salz in der vorbereiteten Form mischen. Soja-Rahm, Petersilie und Salz verrühren, darübergiessen.
2. Maizena mit der Sojasauce anrühren, Tofu beigeben, mischen. Pilze, Öl und Peperoncino mischen, mit dem Tofu auf den Kartoffeln verteilen.

Zeit im Ofen: ca. 50 Min.

3. **Backen:** ca. 50 Min. in der Mitte des auf 200 Grad vorgeheizten Ofens.

Portion: 696 kcal, F 53 g, Kh 32 g, E 19 g

Tipp: Für ein vegetarisches Gericht statt Soja-Rahm 2½ dl Rahm und 2½ dl Milch verwenden.

Polenta-Pizza mit Pilzen

25 Min. + 10 Min. im Ofen   vegi

1 l Gemüsebouillon
250 g mittelfeiner Maisgriess (4 Min.)
100 g Gorgonzola, in Stücken
4 EL Crème fraîche

---

1 EL Olivenöl
250 g Pilze (z. B. Kräuterseitlinge, Champignons), in Scheiben
1 rote Zwiebel, in feinen Streifen
1 Knoblauchzehe, in Scheibchen
einige Zweiglein Thymian
¼ TL Salz
wenig Pfeffer

---

250 g Cherry-Tomaten
1 EL Olivenöl
½ TL Salz
wenig Pfeffer

Zeit in der Küche: ca. 25 Min.

1. Bouillon aufkochen. Maisgriess einrühren, unter Rühren bei kleiner Hitze ca. 4 Min. zu einem dicken Brei köcheln. Polenta auf einem mit Backpapier belegten Blech ausstreichen. Gorgonzola und Crème fraîche darauf verteilen.
2. Öl in einer beschichteten Bratpfanne heiss werden lassen. Pilze ca. 4 Min. rührbraten, Zwiebel, Knoblauch und Thymian beigeben, ca. 1 Min. fertig rührbraten, würzen. Pilze auf der «Pizza» verteilen.
3. Tomaten, Öl, Salz und Pfeffer mischen, darauf verteilen.

Zeit im Ofen: ca. 10 Min.

4. **Backen:** ca. 10 Min. in der Mitte des auf 220 Grad vorgeheizten Ofens.

Portion: 463 kcal, F 21 g, Kh 52 g, E 14 g

Lässt sich vorbereiten: Sie können die Polenta-Pizza ca. ½ Tag im Voraus bis und mit Schritt 3 vorbereiten, auskühlen, zugedeckt kühl stellen. Die Backzeit verlängert sich um ca. 5 Minuten.

Blumenkohl mit Croûtons und Aioli

25 Min. + 25 Min. im Ofen **vegan**

1 kg Blumenkohl, in ca. 1 cm dicken Scheiben
1 Knoblauch mit der Schale, quer halbiert
2 EL Olivenöl
¾ TL Salz

---

3 EL Olivenöl
1 EL Rohzucker
2 TL Harissa oder Sambal Oelek
¼ TL Salz
150 g Brot, in Würfeli
100 g Nusskerne-Mischung

---

360 g Soja-Joghurt nature
1 Briefchen Safran
einige Safranfäden
2 Prisen Salz

Zeit in der Küche: ca. 25 Min.

1. Blumenkohl und Knoblauch auf einem mit Backpapier belegten Blech verteilen. Blumenkohl mit Öl bestreichen, salzen.
2. Öl, Zucker, Harissa und Salz in einer Schüssel verrühren. Brot und Nüsse beigeben, mischen, beiseite stellen.

Zeit im Ofen: ca. 25 Min.

3. **Backen:** ca. 15 Min. in der Mitte des auf 200 Grad vorgeheizten Ofens. Herausnehmen, Croûtons und Nüsse darauf verteilen, ca. 10 Min. fertig backen.
4. Ca. 4 Knoblauchzehen aus der Schale drücken, mit einer Gabel zerdrücken. Joghurt und Safran mit dem Knoblauch verrühren, salzen. Aioli zum Blumenkohl servieren.

Portion: 480 kcal, F 29 g, Kh 32 g, E 19 g

Tipps: Servieren Sie die restlichen Knoblauchzehen separat dazu. Soll das Gericht vegetarisch sein, können Sie anstelle des Soja-Joghurts ein Joghurt nature verwenden.

Chili con verduras

30 Min. + 45 Min. im Ofen **vegan**

- **1 EL Olivenöl**
- **1 Zwiebel,** fein gehackt
- **1 Knoblauchzehe,** in Scheibchen
- **3 rote und gelbe Peperoni,** in feinen Streifen
- **2 EL Tomatenpüree**
- **460 g Délicorn-Gehacktes**
- **3 Tomaten,** in Stücken
- **1 Dose Maiskörner** (ca. 340 g), abgespült, abgetropft
- **½ TL geräucherter Paprika** (siehe Hinweis)
- **¼ TL Cayennepfeffer**
- **1 TL Salz**
- **2 dl Wasser**

- **½ Bund Koriander,** zerzupft

Zeit in der Küche: ca. 30 Min.

1. Öl im Brattopf warm werden lassen. Zwiebel, Knoblauch und Peperoni ca. 3 Min. andämpfen. Tomatenpüree kurz mitdämpfen. Gehacktes, Tomaten und Maiskörner beigeben, würzen. Wasser dazugiessen, aufkochen.

Zeit im Ofen: ca. 45 Min.

2. **Schmoren:** zugedeckt ca. 45 Min. in der unteren Hälfte des auf 180 Grad vorgeheizten Ofens. Koriander darüberstreuen.

Portion: 282 kcal, F 5 g, Kh 28 g, E 27 g

Dazu passt: Fladenbrot.

Hinweis: Geräucherter Paprika ist in grösseren Coop Supermärkten erhältlich. Ersatz: Edelsüss-Paprika.

Tomatenreis mit roten Bohnen

15 Min. + 35 Min. im Ofen **vegan**

Für eine ofenfeste Form von ca. 2 Litern, gefettet

- **500 g Tomaten,** in Würfeln
- **1 Zwiebel,** fein gehackt
- **1 Knoblauchzehe,** gepresst
- **1 Dose Indianerbohnen** (ca. 400 g), abgespült, abgetropft
- **1 EL Olivenöl**
- **1 EL Tomatenpüree**
- **2 Zweiglein Thymian**

- **250 g Langkornreis** (z. B. Parboiled)
- **5 dl Gemüsebouillon**

- **Salz, Pfeffer,** nach Bedarf

Zeit in der Küche: ca. 15 Min.

1. Tomaten und alle Zutaten bis und mit Thymian in der vorbereiteten Form mischen.
2. Reis kurz vor dem Garen beigeben, mischen, Bouillon dazugiessen.

Zeit im Ofen: ca. 35 Min.

3. **Garen:** ca. 20 Min. in der unteren Hälfte des auf 200 Grad vorgeheizten Ofens. Reis gut mischen, ca. 15 Min. fertig garen, würzen.

Portion: 407 kcal, F 5 g, Kh 70 g, E 18 g

Tipp: Für Vegetarier können Sie zusätzlich Reibkäse (z. B. Sbrinz) zum Tomatenreis servieren.

Tomaten-Tarte mit Pesto

20 Min. + 20 Min. im Ofen **vegi**

1 Bund	**Basilikum,** grob geschnitten
3 EL	**Pinienkerne,** geröstet
¾ dl	**Olivenöl** (nicht kalt gepresst)
80 g	**geriebener Parmesan**
¼ TL	**Salz**
wenig	**Pfeffer**
1	**ausgewallter Blätterteig** (ca. 25 × 42 cm)
100 g	**Doppelrahm-Frischkäse**
500 g	**Tomaten und Cherry-Tomaten,** Tomaten in Scheiben, Cherry-Tomaten halbiert
1 EL	**Olivenöl**
½ TL	**Salz**
wenig	**Pfeffer**
4 EL	**geriebener Parmesan**
150 g	**Mozzarella,** in Scheiben
einige	**Basilikumblätter,** zerzupft

Zeit in der Küche: ca. 20 Min.

1. **Pesto:** Basilikum und Pinienkerne mit dem Öl pürieren, Käse daruntermischen, würzen.
2. Teig entrollen, mit dem Backpapier ins Blech legen. Teigrand rundum ca. 1 cm breit einschlagen. Boden mit einer Gabel dicht einstechen. Frischkäse mit 2 EL Pesto verrühren, auf dem Teig verteilen.
3. Tomaten darauf verteilen. Öl darüberträufeln, würzen. Käse darüberstreuen, Mozzarella darauf verteilen.

Zeit im Ofen: ca. 20 Min.

4. **Backen:** ca. 20 Min. auf der untersten Rille des auf 240 Grad vorgeheizten Ofens. Herausnehmen, etwas Pesto und Basilikum darauf verteilen.

Portion: 845 kcal, F 64 g, Kh 38 g, E 27 g

Tipp: Servieren Sie das restliche Pesto separat zur Tarte. Resten vom Pesto können Sie mit Öl bedeckt und gut verschlossen ca. 5 Tage im Kühlschrank aufbewahren. Passst zu: Teigwaren, Reis, Salat, Gemüse.

Randenfladen mit Ziegenfrischkäse

20 Min. + 20 Min. im Ofen **vegi**

- **1 ausgewallter Blätterteig** (ca. 25 × 42 cm)
- **100 g Crème fraîche**
- **500 g gekochte Randen,** in ca. 2 cm dicken Scheiben
- **1 rote Zwiebel,** in feinen Ringen
- **1 EL Olivenöl**
- **½ TL Salz**
- **wenig Pfeffer**
- **150 g Ziegenfrischkäse** (z. B. Formaggini), in Stücken

- **2 EL Paniermehl**
- **2 EL geriebener Sbrinz**
- **2 EL Haselnüsse,** grob gehackt
- **1 EL Thymianblättchen**

Zeit in der Küche: ca. 20 Min.

1. Teig entrollen, mit dem Backpapier ins Blech legen. Teigrand rundum ca. 1 cm breit einschlagen. Teig mit einer Gabel dicht einstechen. Crème fraîche auf dem Teig verteilen. Randen und Zwiebel darauf legen, Öl darüberträufeln, würzen. Frischkäse darauf verteilen.
2. Paniermehl, Käse, Nüsse und Thymian mischen, darüberstreuen.

Zeit im Ofen: ca. 20 Min.

3. **Backen:** ca. 20 Min. auf der untersten Rille des auf 240 Grad vorgeheizten Ofens.

Portion: 634 kcal, F 42 g, Kh 48 g, E 14 g

Tipp: Sie mögen keinen Ziegenkäse? Kein Problem, verwenden Sie einfach Doppelrahm-Frischkäse, Masgonzola oder Gorgonzola.

Kürbisfladen mit Spinat

20 Min. + 20 Min. im Ofen **vegi**

1 ausgewallter Blätterteig (ca. 25×42 cm)
100 g Mascarpone
2 Prisen Salz

---

500 g Kürbis (z. B. Butternut) in ca. 1½ cm grossen Würfeln
1 roter Peperoncino, entkernt, in Ringen
3 EL Kürbiskerne
1 EL Olivenöl
½ TL Salz
150 g Pilze (z. B. Kräuterseitlinge, Champignons, Shiitake), in Scheiben
1 EL Olivenöl
¼ TL Salz
3 EL geriebener Sbrinz

---

50 g Jungspinat
wenig Fleur de Sel

Zeit in der Küche: ca. 20 Min.

1. Teig entrollen, mit dem Backpapier ins Blech legen. Teigrand rundum ca. 1 cm breit einschlagen, mit einer Gabel andrücken, Teig dicht einstechen. Mascarpone und Salz gut verrühren, auf dem Teig verteilen.
2. Kürbis und alle Zutaten bis und mit Salz in einer Schüssel mischen, auf dem Teig verteilen. Pilze, Öl und Salz mischen, darauf verteilen. Käse darüberstreuen.

Zeit im Ofen: ca. 20 Min.

3. **Backen:** ca. 20 Min. auf der untersten Rille des auf 240 Grad vorgeheizten Ofens. Herausnehmen, Spinat darauf verteilen, salzen.

Portion: 605 kcal, F 42 g, Kh 45 g, E 13 g

Broccoli-Pizza mit Spiegelei

30 Min. + 21 Min. im Ofen **vegi**

500 g Broccoli, in Röschen
Wasser, siedend

1 ausgewallter Pizzateig (ca. 25×38 cm)
1 Dose gehackte Tomaten (ca. 230 g)
½ TL Salz
wenig Pfeffer
150 g Taleggio, in Stücken

4 frische Eier
wenig Fleur de Sel
wenig Pfeffer

Zeit in der Küche: ca. 30 Min.

1. Broccoli ca. 1 Min. blanchieren, mit einer Schaumkelle herausnehmen, kurz in eiskaltes Wasser legen, gut abtropfen.
2. Teig entrollen, mit dem Backpapier ins Blech legen. Tomaten und Broccoli darauf verteilen, würzen. Käse darauf verteilen.

Zeit im Ofen: ca. 21 Min.

3. **Backen:** ca. 15 Min. auf der untersten Rille des auf 220 Grad vorgeheizten Ofens. Blech herausnehmen, Eier einzeln aufschlagen, sorgfältig auf die Pizza gleiten lassen, ca. 6 Min. fertig backen. Herausnehmen, Eier würzen.

Portion: 457 kcal, F 18 g, Kh 47 g, E 24 g

Für mehr Rasse würzen Sie die Pizza mit rotem Tabasco.

Tipp: Spiegeleier sind nach dem Backen im Ofen mit einer weissen Eiweissschicht überzogen. Diese lässt sich vor dem Servieren mit einer Fingerspitze sorgfältig beiseite schieben.

Spargel-Pizza mit Artischocken

30 Min. + 20 Min. im Ofen — vegi

500 g grüne Spargeln, unteres Drittel geschält
Wasser, siedend

---

1 ausgewallter Pizzateig (ca. 25×38 cm)
150 g Ricotta
2 Prisen Salz
1 Dose Artischockenböden (ca. 400 g), in Schnitzen
1 EL Olivenöl
½ TL Salz
wenig Pfeffer
4 EL geriebener Parmesan

---

1 Burrata (ca. 150 g; siehe Hinweis)
4 EL Basilikum-Pesto

Zeit in der Küche: ca. 30 Min.

1. Spargeln ca. 1 Min. blanchieren, mit einer Schaumkelle herausnehmen, kurz in eiskaltes Wasser legen, gut abtropfen.
2. Teig entrollen, mit dem Backpapier ins Blech legen. Teigrand rundum ca. 1 cm breit einschlagen. Ricotta und Salz gut verrühren, auf dem Teig verteilen. Spargeln und Artischocken darauf verteilen. Öl darüberträufeln, würzen. Käse darüberstreuen.

Zeit im Ofen: ca. 20 Min.

3. **Backen:** ca. 20 Min. auf der untersten Rille des auf 240 Grad vorgeheizten Ofens. Herausnehmen, Burrata in Stücke zupfen, mit dem Pesto auf der Pizza verteilen.

Portion: 608 kcal, F 36 g, Kh 49 g, E 21 g

Hinweis: Burrata ist ein italienischer Rahmfrischkäse aus Kuhmilch mit einem cremigen Kern. Ersatz: Mozzarella di Bufala.

Tipps: Für mehr Schärfe verrühren Sie den Ricotta mit ¼ TL Sambal Oelek, oder Sie beträufeln die fertige Pizza mit Peperoncinoöl. Ein Rezept für selbst gemachtes Pesto finden Sie auf S. 114.

Knusperfladen mit Randen

30 Min. + 15 Min. im Ofen **vegan**

1 Dose Kichererbsen (ca. 400 g), abgespült, abgetropft
400 g gekochte Randen, ½ davon in Stücken, Rest in Schnitzen, beiseite gestellt
1 Knoblauchzehe, halbiert
1 dl Olivenöl (nicht kalt gepresst)
2 TL Zitronensaft
½ TL Salz
wenig Pfeffer

---

250 g Mehl
½ TL Salz
1½ TL Backpulver
1½ dl Wasser
2 EL Olivenöl

---

300 g Süsskartoffeln, in ca. 3 mm dicken Scheiben
1 EL Olivenöl
¼ TL Salz
wenig Pfeffer

---

1 EL Olivenöl
¼ TL Salz
wenig Pfeffer
40 g Haselnüsse, grob gehackt

---

30 g Kresse

Zeit in der Küche: ca. 30 Min.

1. **Randenhummus:** Kichererbsen und Randenstücke mit allen Zutaten bis und mit Pfeffer pürieren, zugedeckt beiseite stellen.
2. **Teig:** Mehl, Salz und Backpulver in einer Schüssel mischen. Wasser und Öl beigeben, mischen, zu einem weichen, glatten Teig kneten. Teig auf wenig Mehl auswallen (ca. 30 cm Ø), in ein mit Backpapier belegtes Blech legen.
3. Süsskartoffeln, Öl, Salz und Pfeffer in einer Schüssel mischen, auf dem Teig verteilen.
4. Beiseite gestellte Randen, Öl, Salz und Pfeffer mischen, darauf verteilen. Nüsse darüberstreuen.

Zeit im Ofen: ca. 15 Min.

5. **Backen:** ca. 15 Min. auf der untersten Rille des auf 240 Grad vorgeheizten Ofens. Herausnehmen, wenig Randenhummus und Kresse darauf verteilen. Restlichen Hummus dazu servieren.

Portion: 779 kcal, F 46 g, Kh 75 g, E 16 g

Tipp: Statt Kresse können Sie auch eine Bundzwiebel mit dem Grün, in Ringen, oder Schnittlauch, fein geschnitten, über den Fladen streuen.

Spinat-Gorgonzola-Wähe

20 Min. + 30 Min. im Ofen **vegi**

Für ein Backblech von 30 cm Ø

1 EL Olivenöl
1 Zwiebel, fein gehackt
1 Knoblauchzehe, gepresst
400 g Blattspinat
½ TL Salz
wenig Pfeffer

1 ausgewallter Blätter- oder Kuchenteig (ca. 32 cm Ø)
80 g Baumnusskerne, grob gehackt, 3 EL davon beiseite gestellt

1 Birne, in feinen Schnitzen
100 g Gorgonzola, in Stücken
½ Bund Petersilie, grob geschnitten
2 dl Milch
2 Eier
wenig Muskat
¼ TL Salz
wenig Pfeffer

Zeit in der Küche: ca. 20 Min.

1. Öl in einer weiten Pfanne warm werden lassen. Zwiebel und Knoblauch andämpfen. Spinat portionenweise beigeben, zusammenfallen lassen, würzen, auskühlen.
2. Teig entrollen, mit dem Backpapier ins Blech legen. Teigboden mit einer Gabel dicht einstechen, Nüsse darüberstreuen.
3. Spinat, Birne und Käse darauf verteilen. Petersilie mit allen restlichen Zutaten pürieren, darübergiessen. Beiseite gestellte Nüsse darüberstreuen.

Zeit im Ofen: ca. 30 Min.

4. **Backen:** ca. 30 Min. auf der untersten Rille des auf 220 Grad vorgeheizten Ofens.

Portion: 647 kcal, F 45 g, Kh 38 g, E 20 g

Tipp: Die Wähe schmeckt auch lauwarm oder kalt gut.

Kürbis-Tommes-Calzone

30 Min. + 20 Min. im Ofen vegi

- 1 EL **Butter**
- 1 **Zwiebel,** in feinen Ringen
- 500 g **Kürbis** (z. B. Muscade), grob gerieben
- 1 **Apfel,** in Scheibchen
- ¼ TL **Salz**
- wenig **Pfeffer**

- 2 **ausgewallte Pizzateige** (je ca. 28 cm Ø)
- 30 g **Baumnusskerne,** grob gehackt
- 20 g **Kürbiskerne,** grob gehackt
- 2 **Tommes** (je ca. 100 g), in Vierteln

- 1 EL **Olivenöl**
- 1 EL **Thymianblättchen**
- **Mehl** zum Bestäuben

Zeit in der Küche: ca. 30 Min.

1. Butter in einer Pfanne warm werden lassen. Zwiebel andämpfen, Kürbis und Apfel ca. 3 Min. mitdämpfen, würzen, auskühlen.
2. Pizzateige entrollen, einen Teig mit dem Backpapier auf ein Blech ziehen. Teig mit einer Gabel dicht einstechen. Nüsse und Kerne mit dem Kürbis auf dem Teig verteilen. Käse darauflegen, mit dem zweiten Teig bedecken, Rand gut andrücken. Mit der Handkante Viertel eindrücken.
3. Öl und Thymian mischen, Teig damit bestreichen, mit wenig Mehl bestäuben.

Zeit im Ofen: ca. 20 Min.

4. **Backen:** ca. 20 Min. in der unteren Hälfte des auf 240 Grad vorgeheizten Ofens.

Portion: 826 kcal, F 38 g, Kh 90 g, E 26 g

Tipp: Statt Baumnusskerne gemahlene Mandeln oder Haselnüsse verwenden.

Kartoffel-Kürbis-Gratin

25 Min. + 1 Std. im Ofen **vegi**

Für eine ofenfeste Form von ca. 2 Litern, gefettet

- **700 g mehlig kochende Kartoffeln,** in ca. 3 mm dicke Scheiben gehobelt
- **500 g Kürbis** (z. B. Butternut), in ca. 3 mm dicke Scheiben gehobelt
- **1 rote Zwiebel,** in Schnitzchen
- **½ TL Salz**
- **wenig Pfeffer**

- **½ Bund glattblättrige Petersilie,** grob geschnitten
- **2½ dl Rahm**
- **2 dl Milch**
- **1 Knoblauchzehe,** in Scheiben
- **¼ TL Zimt**
- **wenig Muskat**
- **½ TL Salz**
- **wenig Pfeffer**
- **130 g geriebener Gruyère**
- **3 EL Kürbiskerne,** grob gehackt
- **einige Butterflöckli**

Zeit in der Küche: ca. 25 Min.

1. Kartoffeln und alle Zutaten bis und mit Pfeffer in der vorbereiteten Form mischen.
2. Petersilie mit allen Zutaten bis und mit Pfeffer pürieren. Die Hälfte des Käses darunterrühren, über das Gemüse giessen. Restlichen Käse und die Kerne darüberstreuen. Butter darauf verteilen.

Zeit im Ofen: ca. 1 Std.

3. **Backen:** ca. 1 Std. in der Mitte des auf 180 Grad vorgeheizten Ofens.

Portion: 597 kcal, F 43 g, Kh 33 g, E 17 g

Tipp: Statt Petersilie Basilikum oder Koriander verwenden.

Sommer-Cannelloni

35 Min. + 30 Min. im Ofen **vegi**

Für eine ofenfeste Form von ca. 2 Litern, gefettet

1 EL Olivenöl
1 Zucchini, in Würfeli
1 rote Peperoni, in Würfeli
1 Zwiebel, fein gehackt
1 Knoblauchzehe, gepresst
¼ TL Salz
wenig Pfeffer

100 g Doppelrahm-Frischkäse (z. B. Philadelphia)
1 Tomate, in Würfeli
2 EL Basilikum, grob geschnitten

2 Rollen Pastateig

100 g Doppelrahm-Frischkäse (z. B. Philadelphia)
3 dl Gemüsebouillon
80 g geriebener Parmesan
einige Butterflöckli

Zeit in der Küche: ca. 35 Min.

1. Öl in einer beschichteten Bratpfanne heiss werden lassen. Zucchini und Peperoni ca. 2 Min. rührbraten, Zwiebel und Knoblauch daruntermischen, würzen, auskühlen.
2. Frischkäse, Tomate und Basilikum beigeben, mischen.
3. Pastateige entrollen, quer in je 7 gleich grosse Stücke schneiden. Gemüsemasse auf die Teigstücke verteilen, aufrollen, mit der Verschlussseite nach unten in die vorbereitete Form legen. Evtl. restliches Gemüse darauf verteilen.
4. Frischkäse und Bouillon verrühren, über die Cannelloni giessen. Käse darüberstreuen, Butter darauf verteilen.

Zeit im Ofen: ca. 30 Min.

5. **Backen:** ca. 30 Min. in der Mitte des auf 200 Grad vorgeheizten Ofens.

Portion: 503 kcal, F 28 g, Kh 44 g, E 19 g

Lässt sich vorbereiten: Sie können die Cannelloni ca. ½ Tag im Voraus fertig vorbereiten und zugedeckt im Kühlschrank aufbewahren. Form in den kalten Ofen schieben, die Backzeit verlängert sich um ca. 5 Minuten.

Knusper-Lasagne

30 Min. + 35 Min. im Ofen **vegi**

Für eine ofenfeste Form von ca. 2½ Litern, gefettet

1 EL Olivenöl
1 Zwiebel, in Schnitzchen
1 Knoblauchzehe, gepresst
400 g Rüebli, in ca. 3 mm dicken Scheiben
½ TL Salz
wenig Pfeffer
300 g Jungspinat

250 g Mascarpone
3 dl Milch
1 dl Gemüsebouillon
1 TL Kurkuma
15 Lasagne-Blätter
500 g gekochte Randen, in ca. 3 mm dicken Scheiben
80 g geriebener Sbrinz
einige Butterflöckli

Zeit in der Küche: ca. 30 Min.

1. Öl in einer weiten Pfanne warm werden lassen. Zwiebel, Knoblauch und Rüebli ca. 5 Min. andämpfen, würzen. Spinat portionenweise beigeben, zusammenfallen lassen, auskühlen.
2. Mascarpone, Milch, Bouillon und Kurkuma verrühren, 4 EL davon in der vorbereiteten Form verteilen. Lasagne-Blätter lagenweise mit Gemüse, Randen und Sauce in die Form schichten, mit Sauce abschliessen. Käse darüberstreuen, Butter darauf verteilen.

Zeit im Ofen: ca. 35 Min.

3. **Backen:** ca. 35 Min. in der Mitte des auf 200 Grad vorgeheizten Ofens. Herausnehmen, ca. 5 Min. ruhen lassen, anrichten.

Portion: 801 kcal, F 49 g, Kh 63 g, E 25 g

Hinweis: Durch den Käse und die Butter erhält die Lasagne eine wunderbar knusprige Kruste, die herrlich nach Käsechips schmeckt.

Süsskartoffel-Kalettes®-Auflauf

25 Min. + 30 Min. im Ofen **vegan**

Für eine ofenfeste Form von ca. 2 Litern, gefettet

---

250 g Kalettes® (siehe Hinweis)
Wasser, siedend

---

1 kg Süsskartoffeln, geschält, in ca. 3 mm dicken Scheiben
2 EL Olivenöl
½ TL Salz
wenig Pfeffer
3 dl Gemüsebouillon

---

1 EL Olivenöl
¼ TL Salz
250 g Seidentofu, in Stücken
40 g Pekannüsse, grob gehackt
1 Granatapfel, Kerne ausgelöst

Zeit in der Küche: ca. 25 Min.

1. Kalettes® ca. 2 Min. blanchieren, mit einer Schaumkelle herausnehmen, kurz in eiskaltes Wasser legen, abtropfen.
2. Süsskartoffeln, Öl, Salz und Pfeffer in der vorbereiteten Form mischen. Bouillon dazugiessen.

Zeit im Ofen: ca. 30 Min.

3. **Backen:** ca. 20 Min. in der Mitte des auf 200 Grad vorgeheizten Ofens. Kalettes®, Öl und Salz mischen, mit dem Tofu auf den Süsskartoffeln verteilen. Nüsse darüberstreuen, ca. 10 Min. fertig backen. Herausnehmen, Granatapfelkerne darüberstreuen.

Portion: 440 kcal, F 21 g, Kh 53 g, E 12 g

Hinweis: Kalettes® sind eine Kreuzung zwischen Rosenkohl und Federkohl. Sie sind nicht bitter und schmecken süsslich-nussig. Ersatz: Broccoli oder Rosenkohl.

Pie mit vegetarischem «Ghackets»

25 Min. + 20 Min. im Ofen **vegi**

Für eine ofenfeste Form von ca. 28 cm Ø, gefettet

- **1 EL Olivenöl**
- **1 Zwiebel,** in feinen Streifen
- **1 roter Peperoncino,** entkernt, in Ringen
- **400 g Rüebli,** in Scheibchen
- **400 g Sellerie,** in ca. 1 cm grossen Würfeln
- **¾ TL Salz**
- **460 g Délicorn-Gehacktes**
- **2 EL trockener weisser Vermouth** (z. B. Noilly Prat)
- **4 dl Saucen-Halbrahm**
- **3 EL getrocknete Cranberrys**
- **3 EL glattblättrige Petersilie,** grob geschnitten

- **1 Ei,** verklopft
- **1 ausgewallter Blätterteig** (ca. 32 cm Ø)

Zeit in der Küche: ca. 25 Min.

1. Öl in einer Pfanne warm werden lassen. Zwiebel und Peperoncino andämpfen. Rüebli und Sellerie ca. 6 Min. mitdämpfen, salzen. Gehacktes und Vermouth beigeben, Saucen-Halbrahm dazugiessen. Cranberrys und Petersilie daruntermischen, in der vorbereiteten Form verteilen, etwas abkühlen.
2. Formenrand aussen mit wenig Ei bestreichen. Teig mit einer Gabel dicht einstechen, auf die Form legen, am Rand gut andrücken, Teig mit dem restlichen Ei bestreichen.

Zeit im Ofen: ca. 20 Min.

3. **Backen:** ca. 20 Min. in der Mitte des auf 200 Grad vorgeheizten Ofens.

Portion: 740 kcal, F 45 g, Kh 46 g, E 31 g

Lässt sich vorbereiten: «Ghackets» ca. 1 Tag im Voraus zubereiten, in der Form auskühlen, zugedeckt bis zum Backen im Kühlschrank aufbewahren.

Locker für Freunde

Käse-Hackbällchen mit Kartoffeln

25 Min. + 35 Min. im Ofen

250 g Halbfettquark
1 EL Petersilie, fein geschnitten
2 Prisen Salz

---

600 g Hackfleisch (Rind und Schwein)
1 Knoblauchzehe, gepresst
1 EL Petersilie, fein geschnitten
1 EL flüssiger Honig
1 TL milder Curry
1 TL Ingwer, fein gerieben
1¼ TL Salz
150 g Gruyère, in 20 Würfeli

---

800 g fest kochende Kartoffeln, in Schnitzen
1 EL Thymianblättchen
1 EL Olivenöl
¾ TL Salz
wenig Pfeffer

Zeit in der Küche: ca. 25 Min.

1. **Kräuterquark:** Quark, Petersilie und Salz verrühren, zugedeckt kühl stellen.
2. Fleisch und alle Zutaten bis und mit Salz in einer Schüssel mischen, von Hand gut kneten, bis sich die Zutaten zu einer kompakten Masse verbinden. Masse mit nassen Händen zu 20 Plätzchen formen, je ein Würfel Käse darauflegen, zu Bällchen formen.
3. Kartoffeln und alle restlichen Zutaten in einer Schüssel mischen, auf einem mit Backpapier belegten Blech verteilen. Hackbällchen darauf verteilen.

Zeit im Ofen: ca. 35 Min.

4. **Backen:** ca. 35 Min. in der Mitte des auf 200 Grad vorgeheizten Ofens. Herausnehmen, Kräuterquark dazu servieren.

Portion: 654 kcal, F 36 g, Kh 32 g, E 48 g

Pouletflügeli auf Curry-Gemüse

20 Min. + 35 Min. im Ofen

800 g fest kochende Kartoffeln, in Schnitzen
500 g Sellerie, in ca. 1½ cm grossen Würfeln
1 EL Olivenöl
2 TL scharfer Curry (z. B. Sri Lanka)
¾ TL Salz

1½ kg Pouletflügeli
1 EL Aprikosenkonfitüre
1 EL Olivenöl
1 TL Salz

1 EL glattblättrige Petersilie, fein geschnitten

Zeit in der Küche: ca. 20 Min.

1. Kartoffeln und alle Zutaten bis und mit Salz in einer Schüssel mischen, auf einem mit Backpapier belegten Blech verteilen.
2. Poulet, Konfitüre, Öl und Salz mischen, auf das Gemüse legen.

Zeit im Ofen: ca. 35 Min.

3. **Backen:** ca. 35 Min. in der Mitte des auf 220 Grad vorgeheizten Ofens. Herausnehmen, Petersilie darüberstreuen.

Portion: 453 kcal, F 14 g, Kh 32 g, E 47 g

Rassiges Poulet mit Mais und Peperoni

20 Min. + 50 Min. im Ofen

250 g Magerquark
1 Limette, heiss abgespült, trocken getupft, wenig abgeriebene Schale und 2 TL Saft
¼ TL Salz

---

600 g gekochte Maiskolben, halbiert
500 g Snack-Peperoni, längs halbiert, entkernt
1 rote Zwiebel, in Schnitzen
2 EL Olivenöl
¼ TL Cayennepfeffer
½ TL Salz

---

1 Poulet (ca. 1,4 kg)
1 EL Olivenöl
1 TL milder Curry
¼ TL Cayennepfeffer
1½ TL Salz

Zeit in der Küche: ca. 20 Min.

1. **Limettenquark:** Quark, Limettenschale und -saft verrühren, salzen, zugedeckt kühl stellen.
2. Mais und alle Zutaten bis und mit Salz in einer Schüssel mischen, zugedeckt beiseite stellen.
3. Poulet innen und aussen kalt abspülen, trocken tupfen, mit Öl bestreichen. Curry, Cayennepfeffer und Salz mischen. Poulet damit würzen, auf ein mit Backpapier belegtes Blech legen.

Zeit im Ofen: ca. 50 Min.

4. **Braten:** Poulet ca. 30 Min. im auf 200 Grad vorgeheizten Ofen (Heissluft). Gemüse neben dem Poulet auf dem Blech verteilen, ca. 20 Min. fertig braten. Limettenquark dazu servieren.

Portion: 545 kcal, F 31 g, Kh 12 g, E 47 g

Tipp: Servieren Sie ganz klassisch knuspriges Brot oder Pommes Chips zum Poulet. Oder wie wärs zur Abwechslung auch einmal mit Tortilla-Chips?

Wurstbällchen mit Kürbis

20 Min. + 30 Min. im Ofen

360 g Joghurt nature
3 EL Koriander oder Petersilie, grob geschnitten
2 Prisen Salz

---

600 g Kürbis (z. B. oranger Knirps), in ca. 1 cm dicken Schnitzen
1 Zwiebel, in Schnitzen
2 Dosen Kichererbsen (je ca. 400 g), abgespült, abgetropft
2 EL Dukkah (siehe Hinweis)
1 EL Olivenöl
½ TL Salz

---

4 rohe Schweinsbratwürste, aufgeschnitten, Brät ausgelöst

Zeit in der Küche: ca. 20 Min.

1. **Koriander-Joghurt:** Joghurt, Koriander und Salz verrühren, zugedeckt kühl stellen.
2. Kürbis und alle Zutaten bis und mit Salz in einer Schüssel mischen, auf einem mit Backpapier belegten Blech verteilen.
3. Wurstbrät in ca. 16 Portionen teilen, mit nassen Händen zu Bällchen formen, auf dem Kürbis verteilen.

Zeit im Ofen: ca. 30 Min.

4. **Backen:** ca. 30 Min. in der unteren Hälfte des auf 200 Grad vorgeheizten Ofens. Joghurt dazu servieren.

Portion: 546 kcal, F 31 g, Kh 34 g, E 33 g

Hinweis: Dukkah ist eine afrikanisch-orientalische Nuss-Gewürz-Mischung ägyptischer Herkunft. Erhältlich in grösseren Coop Supermärkten. Ersatz: 1 EL Curry.

Pouletbrüstli mit Ofentomaten

15 Min. + 30 Min. im Ofen

600 g Zucchini, in ca. 5 mm dicken Scheiben
500 g Cherry-Tomaten am Zweig
3 EL Mandelstifte
1 EL Olivenöl
½ TL Salz
wenig Pfeffer

2 EL Olivenöl
½ TL Salz
wenig Pfeffer
4 Pouletbrüstli (je ca. 160 g)
4 Zweiglein Thymian

Zeit in der Küche: ca. 15 Min.

1. Zucchini und alle Zutaten bis und mit Pfeffer in einer Schüssel mischen, auf einem mit Backpapier belegten Blech verteilen.
2. Öl, Salz und Pfeffer mischen, Pouletbrüstli damit bestreichen, neben das Gemüse legen. Thymian darauflegen.

Zeit im Ofen: ca. 30 Min.

3. **Braten:** ca. 30 Min. in der Mitte des auf 220 Grad vorgeheizten Ofens. Poulet dabei einmal mit dem entstandenen Fleischsaft bestreichen.

Portion: 347 kcal, F 15 g, Kh 8 g, E 42 g

Serviertipp: Servieren Sie ganz unkompliziert ein feines Brot zu diesem Gericht. Wünschen Sie eine warme Beilage? Dann empfehlen wir Ihnen Trockenreis oder Wildreis-Mix.

Ofengemüse mit Ziegenfrischkäse

20 Min. + 35 Min. im Ofen

600 g Baby-Kartoffeln, in Vierteln
300 g Rüebli, längs geviertelt
300 g Pastinaken, in ca. 5 mm dicken Scheiben
200 g Bratspeck in Tranchen, in breiten Streifen
1 Birne, entkernt, in Schnitzen
2 EL Olivenöl
1 TL Salz
wenig Pfeffer
3 Zweiglein Thymian

---

150 g Ziegenfrischkäse (z. B. Formaggini), in Scheiben
2 EL Ahornsirup
wenig Pfeffer

Zeit in der Küche: ca. 20 Min.

1. Kartoffeln und alle Zutaten bis und mit Thymian in einer Schüssel mischen, auf einem mit Backpapier belegten Blech verteilen.

Zeit im Ofen: ca. 35 Min.

2. **Backen:** ca. 30 Min. in der Mitte des auf 200 Grad vorgeheizten Ofens. Herausnehmen, Käse darauf verteilen, Sirup darüberträufeln, ca. 5 Min. fertig backen. Herausnehmen, würzen.

Portion: 531 kcal, F 34 g, Kh 42 g, E 16 g

Tipp: Sie mögen keinen Ziegenkäse? Dann empfehlen wir Ihnen als Alternative Mozzarella oder – würziger – Feta aus Kuhmilch. Zupfen oder schneiden Sie den Käse in Stücke.

Gefüllte Pouletbrüstli auf Gemüse

25 Min. + 30 Min. im Ofen

2 EL Olivenöl
2 EL Petersilie, fein geschnitten
1 Bio-Zitrone, nur abgeriebene Schale
2 Prisen Salz

---

500 g Süsskartoffeln, geschält, in ca. 4 mm dicken Scheiben
200 g rohe Randen, geschält, in ca. 4 mm dicken Scheiben
1 rote Zwiebel, in Schnitzen
1 EL Olivenöl
¾ TL Salz

---

4 Pouletbrüstli (je ca. 180 g)
1 EL Olivenöl
1 TL Edelsüss-Paprika
1 TL Salz
150 g Antipasti-Mischung (z. B. Olive e formaggio), grob gehackt
1 EL Majoranblättchen
8 Tranchen Bratspeck

Zeit in der Küche: ca. 25 Min.

1. **Kräuteröl:** Öl, Petersilie, Zitronenschale und Salz mischen, beiseite stellen.
2. Süsskartoffeln, Randen, Zwiebel, Öl und Salz in einer Schüssel mischen, auf einem mit Backpapier belegten Blech verteilen.
3. Pouletbrüstli mit einem spitzen Messer oben längs ca. 1 cm tief einschneiden. Öl, Paprika und Salz mischen, Pouletbrüstli damit bestreichen. Antipasti-Mischung in die Pouletbrüstli füllen, Majoran darauf verteilen, mit je 2 Specktranchen umwickeln, auf das Gemüse legen.

Zeit im Ofen: ca. 30 Min.

4. **Braten:** ca. 30 Min. in der Mitte des auf 220 Grad vorgeheizten Ofens. Poulet dabei einmal mit wenig beiseite gestelltem Kräuteröl bestreichen. Herausnehmen, restliches Kräuteröl dazu servieren.

Portion: 581 kcal, F 31 g, Kh 26 g, E 49 g

Pouletschenkel und Randen vom Blech

15 Min. + 50 Min. im Ofen

1 EL Aceto balsamico
1 EL flüssiger Honig

---

800 g fest kochende Kartoffeln, in Schnitzen
500 g rohe Randen, geschält, in Schnitzen
2 Zwiebeln, in Schnitzen
2 EL Olivenöl
1 TL Salz
wenig Pfeffer

---

4 Pouletschenkel (je ca. 220 g)
1 EL Olivenöl
2 Zweiglein Rosmarin
2 Zweiglein Thymian
¾ TL Salz
wenig Pfeffer

---

2 TL getrocknete Blütenblätter

Zeit in der Küche: ca. 15 Min.

1. Aceto und Honig verrühren, beiseite stellen.
2. Kartoffeln und alle Zutaten bis und mit Pfeffer in einer Schüssel mischen, auf einem mit Backpapier belegten Blech verteilen.
3. Pouletschenkel und alle Zutaten bis und mit Pfeffer mischen, auf das Gemüse legen.

Zeit im Ofen: ca. 50 Min.

4. **Braten:** ca. 35 Min. in der unteren Hälfte des auf 200 Grad vorgeheizten Ofens. Poulet mit der Aceto-Honig-Mischung bestreichen, ca. 15 Min. fertig braten. Herausnehmen, Blütenblätter darüberstreuen.

Portion: 540 kcal, F 26 g, Kh 40 g, E 34 g

Tipp: Statt Randen können Sie auch Rüebli, in ca. 2 cm grossen Stücken, verwenden. Sie haben keine Blütenblätter? Garnieren Sie das Gericht einfach mit wenig gehacktem Rosmarin oder einigen Thymianzweiglein.

Auberginen mit Himbeer-Salsa

20 Min. + 35 Min. im Ofen

1 Bio-Zitrone, ½ abgeriebene Schale und 2 EL Saft
2 EL Olivenöl
1 Knoblauchzehe, gepresst
2 EL Basilikum, fein geschnitten
¼ TL Salz
wenig Pfeffer
2 Bundzwiebeln mit dem Grün, in feinen Ringen, wenig Grün beiseite gestellt
2 Tomaten, in Würfeli
125 g Himbeeren

---

4 Auberginen (ca. 1 kg) längs halbiert
3 EL Olivenöl
1 TL Salz
wenig Pfeffer

---

150 g Rohschinken in Tranchen

Zeit in der Küche: ca. 20 Min.

1. **Himbeer-Salsa:** Zitronenschale und -saft mit Öl, Knoblauch, Basilikum, Salz und Pfeffer in einer Schüssel verrühren. Bundzwiebeln, Tomaten und Himbeeren beigeben, mischen, zugedeckt beiseite stellen.
2. Auberginen auf ein mit Backpapier belegtes Blech legen. Schnittflächen mehrmals einritzen, Öl darüberträufeln, würzen.

Zeit im Ofen: ca. 35 Min.

3. **Backen:** ca. 35 Min. in der Mitte des auf 200 Grad vorgeheizten Ofens. Herausnehmen, anrichten, Salsa und Rohschinken auf den Auberginen verteilen. Beiseite gestelltes Zwiebelgrün darüberstreuen.

Portion: 322 kcal, F 20 g, Kh 15 g, E 16 g

Tipps: Servieren Sie geröstete Brotscheiben als Beilage. Während Sie die Auberginen anrichten, rösten Sie die Brotscheiben bequem auf einem Blech ca. 3 Min. bei 240 Gard in der oberen Hälfte des Ofens. Ohne Rohschinken sind die Auberginen auch eine feine Beilage zu Grilladen.

Ofen-Raclette mit rassigem Kabis

20 Min. + 35 Min. im Ofen — vegi

400 g Rotkabis, in ca. 1 cm dicken Scheiben
400 g Weisskabis, in ca. 1 cm dicken Scheiben
2 EL Olivenöl
1 roter Peperoncino, entkernt, fein gehackt
1 TL Salz

---

600 g fest kochende Kartoffeln, in ca. 5 mm dicken Scheiben
1 EL Olivenöl
2 TL Thymianblättchen
½ TL Salz
wenig Pfeffer

---

150 g Raclettekäse in Scheiben
wenig Edelsüss-Paprika

Zeit in der Küche: ca. 20 Min.

1. Kabis auf einem mit Backpapier belegten Blech verteilen. Öl, Peperoncino und Salz mischen, darüberträufeln.
2. Kartoffeln, Öl, Thymian, Salz und Pfeffer in einer Schüssel mischen, neben dem Kabis auf dem Blech verteilen.

Zeit im Ofen: ca. 35 Min.

3. **Backen:** ca. 30 Min. in der Mitte des auf 200 Grad vorgeheizten Ofens. Herausnehmen, Käse auf den Kartoffeln verteilen, ca. 5 Min. fertig backen, würzen.

Portion: 356 kcal, F 20 g, Kh 27 g, E 14 g

Birnen-Schinken-Toasts

15 Min. + 4 Min. im Ofen

2 TL grobkörniger Senf
1 TL flüssiger Honig
2 EL Aceto balsamico bianco
3 EL Olivenöl
Salz, Pfeffer, nach Bedarf

16 Scheiben Toastbrot
25 g Butter, weich
150 g Schinken in Tranchen
1 Birne, in Schnitzen
250 g Taleggio, in Stücken

150 g Blattsalat
2 Rüebli, in feinen Streifen
40 g Baumnusskerne, geröstet, grob gehackt

Zeit in der Küche: ca. 15 Min.

1. Senf, Honig, Aceto und Öl in einer Schüssel verrühren, würzen.
2. Brotscheiben mit Butter bestreichen, davon die Hälfte auf ein mit Backpapier belegtes Blech legen. Schinken, Birne und Käse darauf verteilen, restliche Brotscheiben darauflegen.

Zeit im Ofen: ca. 4 Min.

3. **Backen:** ca. 4 Min. in der Mitte des auf 220 Grad vorgeheizten Ofens.
4. Salat, Rüebli und Nüsse zur Sauce geben, mischen, mit den Toasts anrichten.

Portion: 800 kcal, F 49 g, Kh 56 g, E 31 g

Tipp: Vollkorn-Toastbrot verwenden. Oder Weiss- und Vollkornbrote mischen.

Saftige Spareribs

20 Min. + 12 Std. marinieren + 3½ Std. im Ofen

1½ kg Spareribs am Stück (Schweinsbrustspitz-Rippchen)
1 dl helles Bier
1 EL Olivenöl

---

100 g Rahmquark
100 g Ketchup
50 g Sweet Chili Sauce
2 Prisen Salz

---

1 EL flüssiger Honig
1 TL geräucherter Paprika (siehe Hinweis)

Öl zum Braten
1 TL Salz

---

600 g Baby-Kartoffeln, halbiert
½ TL Salz

---

wenig Koriander oder glattblättrige Petersilie, zerzupft

---

1. Fleisch in eine Form legen. Bier und Öl verrühren, über das Fleisch giessen, zugedeckt im Kühlschrank ca. 12 Std. marinieren, dabei einmal wenden. Fleisch ca. 1 Std. vor dem Anbraten aus dem Kühlschrank nehmen.

Zeit in der Küche: ca. 20 Min.

2. Ofen auf 120 Grad vorheizen. Ein mit Backpapier belegtes Blech in die Mitte des Ofens schieben.
3. **Sauce:** Quark, Ketchup, Chili Sauce und Salz verrühren, zugedeckt kühl stellen.
4. Fleisch trocken tupfen, restliche Marinade in eine Schüssel giessen. Honig und Paprika beigeben, mischen, beiseite stellen.
5. Wenig Öl in einer Bratpfanne heiss werden lassen. Fleisch salzen, portionenweise beidseitig je ca. 1 Min. anbraten. Fleisch herausnehmen, Hitze reduzieren.
6. Kartoffeln ca. 2 Min. braten, salzen. Fleisch auf das vorgewärmte Blech legen, Kartoffeln neben dem Fleisch verteilen.

Zeit im Ofen: ca. 3½ Std.

7. **Garen:** ca. 3½ Std. Fleisch dabei 3-mal mit der beiseite gestellten Marinade bestreichen und Kartoffeln mischen. Koriander darüberstreuen, Sauce dazu servieren.

Portion: 702 kcal, F 43 g, Kh 39 g, E 36 g

Hinweis: Geräucherter Paprika ist in grösseren Coop Supermärkten erhältlich. Ersatz: Edelsüss-Paprika.

Geschmorte Haxen mit Dörrfrüchten

20 Min. + 2 Std. im Ofen

Für ein Bratgeschirr oder einen Brattopf ohne Deckel

---

4 Schweinshaxen (je ca. 500 g)

---

500 g Baby-Kartoffeln
200 g gemischte Dörrfrüchte (z. B. Pflaumen, Aprikosen, Äpfel)
1 Zwiebel, in Schnitzen
1 roter Peperoncino, entkernt, in Ringen
1 Lorbeerblatt
1 TL Kümmel

Bratbutter zum Anbraten
1½ TL Salz
wenig Pfeffer

---

1 dl Weisswein
2 dl Fleischbouillon
Salz, Pfeffer, nach Bedarf

---

1. Haxen ca. 1 Std. vor dem Anbraten aus dem Kühlschrank nehmen.

Zeit in der Küche: ca. 20 Min.

2. Kartoffeln und alle Zutaten bis und mit Kümmel mischen, zugedeckt beiseite stellen.
3. Wenig Bratbutter im Bratgeschirr oder im Brattopf heiss werden lassen. Haxen würzen, rundum ca. 8 Min. anbraten, erst wenden, wenn sich eine Kruste gebildet hat.

Zeit im Ofen: ca. 2 Std.

4. **Braten:** ca. 1¼ Std. in der unteren Hälfte des auf 180 Grad vorgeheizten Ofens. Herausnehmen, Kartoffeln und Dörrfrüchte beigeben, Wein und Bouillon über die Haxen giessen, ca. 45 Min. fertig braten, Sauce würzen.

Portion: 618 kcal, F 19 g, Kh 52 g, E 55 g

Fruchtig-scharfer Poulettopf

15 Min. + 1½ Std. im Ofen

2 EL Olivenöl
½ TL Kreuzkümmelpulver
1 TL Salz
4 Pouletschenkel, in Ober- und Unterschenkel geteilt, Haut entfernt (siehe Tipp)
2 Dosen Kichererbsen (je ca. 400 g), abgespült, abgetropft
1 Dose gehackte Tomaten (ca. 400 g)
1 Mango (ca. 400 g), in Würfeln
1 Zwiebel, in Schnitzen
1 Knoblauchzehe, in Scheibchen
1 roter Peperoncino, entkernt, fein gehackt
¾ TL Salz

---

2 EL Koriander oder Petersilie, grob geschnitten

Zeit in der Küche: ca. 15 Min.

1. Öl, Kreuzkümmel und Salz verrühren, Pouletteile damit bestreichen, mit den Kichererbsen und allen Zutaten bis und mit Salz in den Brattopf geben, mischen.

Zeit im Ofen: ca. 1½ Std.

2. **Schmoren:** zugedeckt ca. 1 Std. in der unteren Hälfte des auf 180 Grad vorgeheizten Ofens. Deckel entfernen, ca. 30 Min. fertig köcheln. Herausnehmen, Koriander darüberstreuen.

Portion: 465 kcal, F 17 g, Kh 38 g, E 39 g

Tipp: Werfen Sie die Poulethaut nicht weg, sie ergibt leckere Crumbles. Schneiden Sie die Haut in Streifen, und braten Sie diese in einer Bratpfanne ohne Fett langsam knusprig. Vor dem Servieren streuen Sie die knusprigen Crumbles über das Gericht.

Asiatisches Kokos-Poulet

25 Min. + 50 Min. im Ofen

Öl zum Braten
1 TL Edelsüss-Paprika
¼ TL Zimt
¾ TL Salz
4 Pouletschenkel (je ca. 220 g), halbiert

---

600 g Baby-Kartoffeln, in Vierteln
500 g Bundrüebli, evtl. längs halbiert
2 EL getrocknete Cranberrys
3 Stängel Zitronengras, gequetscht
1 Zimtstange
1 roter Chili, entkernt, in Ringen
¾ TL Salz
2½ dl Kokosmilch
2 dl Hühnerbouillon

---

2 EL Koriander oder glattblättrige Petersilie, grob geschnitten

---

Zeit in der Küche: ca. 25 Min.

1. Wenig Öl im Brattopf heiss werden lassen. Paprika, Zimt und Salz mischen, Poulet würzen, rundum ca. 2 Min. anbraten, herausnehmen. Hitze reduzieren, Bratfett auftupfen, evtl. wenig Öl beigeben.
2. Kartoffeln und alle Zutaten bis und mit Chili ca. 3 Min. andämpfen, salzen. Kokosmilch und Bouillon dazugiessen, aufkochen. Poulet darauflegen.

Zeit im Ofen: ca. 50 Min.

3. **Schmoren:** zugedeckt ca. 40 Min. in der unteren Hälfte des auf 180 Grad vorgeheizten Ofens. Deckel entfernen, ca. 10 Min. fertig schmoren. Herausnehmen, Koriander darüberstreuen.

Portion: 557 kcal, F 31 g, Kh 33 g, E 33 g

Paprika-Rahmgulasch

25 Min. + 2 Std. im Ofen

Öl zum Braten
800 g Schweinsvoressen (z. B. Schulter)
2 TL Edelsüss-Paprika
¾ TL Salz

---

200 g Lauch, in Ringen
1 Fenchel, in Schnitzen
2 Knoblauchzehen, in Scheibchen
1 TL Fenchelsamen
1 EL Tomatenpüree
1 dl Weisswein
1 dl Fleischbouillon
2 dl Saucen-Halbrahm
1 Dose Borlotti-Bohnen (ca. 400 g), abgespült, abgetropft
1 Lorbeerblatt

Zeit in der Küche: ca. 25 Min.

1. Wenig Öl im Brattopf heiss werden lassen. Fleisch portionenweise je ca. 5 Min. anbraten, herausnehmen, würzen. Hitze reduzieren, Bratfett auftupfen, evtl. wenig Öl beigeben.
2. Lauch, Fenchel, Knoblauch und Fenchelsamen andämpfen, Tomatenpüree kurz mitdämpfen. Wein dazugiessen, etwas einkochen. Bouillon und Saucen-Halbrahm dazugiessen, aufkochen, Hitze reduzieren. Bohnen und Lorbeerblatt mit dem Fleisch beigeben, mischen.

Zeit im Ofen: ca. 2 Std.

3. **Schmoren:** zugedeckt ca. 2 Std. in der unteren Hälfte des auf 180 Grad vorgeheizten Ofens. Herausnehmen, Lorbeerblatt entfernen.

Portion: 512 kcal, F 28 g, Kh 15 g, E 48 g

Tipp: Heben Sie das Fenchelkraut unbedingt auf. Schneiden Sie es fein, und garnieren Sie das Gulasch vor dem Servieren damit. Das Kraut verleiht Ihrem Gericht einen hübschen Farbtupfer und eine feine Anisnote.

Schmorplätzli mit Kürbis

20 Min. + 12 Std. marinieren + 2½ Std. im Ofen

8 Schweinsplätzli (Hals, je ca. 100 g), halbiert
1 EL Zucker
2 TL Edelsüss-Paprika
1 TL Knoblauchpulver

¾ TL Salz
500 g Kürbis (z. B. Butternut), in ca. 1 cm dicken Scheiben
1 EL Olivenöl
¾ TL Salz
2 Tomaten, in Scheiben
1 Zwiebel, in Ringen
100 g Bratspeck in Tranchen, halbiert
2 Zweiglein Rosmarin
2 Zweiglein Thymian

Zeit in der Küche: ca. 20 Min.

1. Plätzli in eine weite Form legen. Zucker, Paprika und Knoblauchpulver mischen, Plätzli damit würzen. Zugedeckt im Kühlschrank ca. 12 Std. marinieren, dabei Plätzli einmal wenden.
2. Plätzli salzen. Kürbis, Öl und Salz in einer Schüssel mischen, abwechslungsweise mit den Plätzli, Tomaten, Zwiebel und Speck in den Brattopf schichten. Rosmarin und Thymian darauflegen.

Zeit im Ofen: ca. 2½ Std.

3. **Schmoren:** zugedeckt ca. 2½ Std. in der unteren Hälfte des auf 180 Grad vorgeheizten Ofens.

Portion: 613 kcal, F 41 g, Kh 19 g, E 43 g

Tipps: Die schnellste und einfachste Beilage zu diesem leckeren Gericht ist frisches Brot. Sie können aber auch Hörnli, Nudeln oder Reis dazu servieren.

Wintertopf mit Speck

25 Min. + 1 Std. im Ofen

1 EL Butter
1 Zwiebel, fein gehackt
1 Knoblauchzehe, in Scheibchen
1 TL Kümmel
300 g geräucherter Speck, in ca. 1 cm dicken Tranchen
500 g Wirz, in Streifen
500 g Raclette-Kartoffeln, in Vierteln
¾ TL Salz
wenig Pfeffer

---

1 dl Weisswein
1 dl Fleischbouillon
200 g Crème fraîche

Salz, Pfeffer, nach Bedarf
1 Bund Schnittlauch, fein geschnitten

Zeit in der Küche: ca. 25 Min.

1. Butter im Brattopf warm werden lassen. Zwiebel, Knoblauch und Kümmel andämpfen. Speck und Wirz kurz mitdämpfen. Kartoffeln daruntermischen, würzen.
2. Wein, Bouillon und Crème fraîche verrühren, dazugiessen, aufkochen.

Zeit im Ofen: ca. 1 Std.

3. **Schmoren:** zugedeckt ca. 1 Std. in der unteren Hälfte des auf 180 Grad vorgeheizten Ofens. Herausnehmen, würzen, Schnittlauch darüberstreuen.

Portion: 602 kcal, F 47 g, Kh 23 g, E 19 g

Tipps: Sie sind kein Fan von Speck? Dann verwenden Sie Schinkli oder Rippli, in Würfeln. Besonders würzig wird Ihr Wintertopf, wenn Sie vor dem Servieren 1 EL grobkörnigen Senf daruntermischen. Oder Sie servieren Ihren Lieblingssenf separat dazu.

Spätzli-Gratin mit Landjäger

20 Min. + 35 Min. im Ofen

Für eine weite ofenfeste Form von ca. 2 Litern, gefettet

1 EL	**Olivenöl**
500 g	**Lauch,** in ca. 1 cm dicken Ringen
wenig	**Muskat**
¾ TL	**Salz**
wenig	**Pfeffer**
2 dl	**Saucen-Halbrahm**
800 g	**Spätzli**
4	**Landjäger,** in Würfeli
150 g	**Appenzeller,** grob gerieben

Zeit in der Küche: ca. 20 Min.

1. Öl in einer Pfanne warm werden lassen. Lauch ca. 2 Min. andämpfen, würzen. Saucen-Halbrahm dazugiessen, ca. 2 Min. köcheln, in der vorbereiteten Form verteilen.
2. Spätzli und Landjäger auf dem Lauch verteilen, mischen, Käse darüberstreuen.

Zeit im Ofen: ca. 35 Min.

3. **Backen:** ca. 35 Min. in der Mitte des auf 200 Grad vorgeheizten Ofens.

Portion: 881 kcal, F 52 g, Kh 62 g, E 38 g

Hackbällchen auf Tomaten-Risoni

25 Min. + 30 Min. im Ofen

Für eine weite ofenfeste Form von ca. 2 Litern, gefettet

---

1 EL Olivenöl
1 Zwiebel, fein gehackt
1 Knoblauchzehe, in Scheibchen
250 g Cherry-Tomaten
2 TL Zucker
1 Dose Pelati (ca. 800 g)
¼ TL Cayennepfeffer
1¼ TL Salz
150 g kleine Teigwaren (Risoni)

---

600 g Hackfleisch (Rind und Schwein)
1 Bio-Zitrone, nur abgeriebene Schale
2 EL Basilikum, fein geschnitten
¼ TL Cayennepfeffer
1 TL Salz
1 EL Olivenöl
2 EL geriebener Parmesan
1 EL Paniermehl

Zeit in der Küche: ca. 25 Min.

1. Öl in einer Pfanne warm werden lassen. Zwiebel und Knoblauch andämpfen. Tomaten und Zucker kurz mitdämpfen, Pelati beigeben, würzen, aufkochen. Teigwaren beigeben, unter gelegentlichem Rühren ca. 5 Min. köcheln, in der vorbereiteten Form verteilen.
2. Fleisch und alle Zutaten bis und mit Salz mischen, von Hand gut kneten, bis sich die Zutaten zu einer kompakten Masse verbinden. Masse zu ca. 16 Bällchen formen, etwas flach drücken, auf die Teigwaren legen, mit Öl bestreichen. Käse und Paniermehl mischen, darüberstreuen.

Zeit im Ofen: ca. 30 Min.

3. **Backen:** ca. 30 Min. in der Mitte des auf 200 Grad vorgeheizten Ofens.

Portion: 575 kcal, F 28 g, Kh 41 g, E 39 g

Ramequin mit Sauerkraut und Schüfeli

15 Min. + 30 Min. im Ofen

Für eine ofenfeste Form von ca. 2 Litern, gefettet

500 g gekochtes Sauerkraut
800 g Quick-Schüfeli, längs halbiert, in Tranchen
150 g Ruchbrot, in Scheiben, quer halbiert

2 Eier
100 g geriebener Gruyère
2 dl Vollrahm
2 EL Petersilie, fein geschnitten
wenig Muskat
¼ TL Kümmel
¼ TL Salz
wenig Pfeffer

Zeit in der Küche: ca. 15 Min.

1. Sauerkraut in der vorbereiteten Form verteilen. Schüfeli und Brotscheiben abwechslungsweise in das Sauerkraut stecken.
2. Eier, die Hälfte des Käses und alle restlichen Zutaten verrühren, darübergiessen. Restlichen Käse darüberstreuen.

Zeit im Ofen: ca. 30 Min.

3. **Backen:** ca. 30 Min. in der Mitte des auf 200 Grad vorgeheizten Ofens.

Portion: 794 kcal, F 51 g, Kh 21 g, E 60 g

Tipp: Beträufeln Sie die Brotscheiben nach dem Einschichten mit wenig Weisswein oder – falls Kinder am Tisch sitzen – mit Apfelsaft. Beides harmoniert prima mit dem Sauerkraut und verleiht Ihrem Ramequin eine besonders feine Note.

Bunter Hackfleischgratin

30 Min. + 25 Min. im Ofen

Für eine weite ofenfeste Form von ca. 2½ Litern, gefettet

Öl zum Braten
600 g Hackfleisch (Rind)
2 Zweiglein Thymian
1 TL Salz
wenig Pfeffer

1 Zwiebel, fein gehackt
1 Knoblauchzehe, gepresst
2 EL Tomatenpüree
2 dl Fleischbouillon

400 g grüne und gelbe Zucchini, in ca. 1 cm grossen Würfeln
1 Aubergine, in ca. 1 cm grossen Würfeln
¾ TL Salz
wenig Pfeffer
1 Dose weisse Bohnen (ca. 400 g), abgespült, abgetropft
250 g Cherry-Tomaten
100 g geriebener Gruyère

Zeit in der Küche: ca. 30 Min.

1. Wenig Öl in einer Bratpfanne heiss werden lassen. Fleisch portionenweise mit dem Thymian je ca. 3 Min. anbraten, in die vorbereitete Form geben, würzen. Hitze reduzieren, evtl. wenig Öl in die Pfanne geben.
2. Zwiebel und Knoblauch andämpfen, Tomatenpüree kurz mitdämpfen. Bouillon dazugiessen, zum Fleisch geben.
3. Wenig Öl in derselben Pfanne heiss werden lassen. Zucchini und Aubergine ca. 5 Min. braten, würzen. Bohnen kurz mitbraten, auf dem Fleisch verteilen. Tomaten darauflegen, Käse darüberstreuen.

Zeit im Ofen: ca. 25 Min.

4. **Backen:** ca. 25 Min. in der Mitte des auf 200 Grad vorgeheizten Ofens.

Portion: 521 kcal, F 30 g, Kh 16 g, E 42 g

Tipp: Sie können den Gratin ca. ½ Tag im Voraus bis und mit Schritt 3 vorbereiten, auskühlen, zugedeckt im Kühlschrank aufbewahren. Form in den kalten Ofen schieben, die Backzeit verlängert sich um ca. 5 Minuten.

Ofenrösti mit zartem Saibling

20 Min. + 40 Min. im Ofen

250 g Halbfettquark
2 EL Schnittlauch, fein geschnitten
2 Prisen Salz
wenig Pfeffer

---

4 Saiblingfilets mit Haut (Bio, je ca. 130 g)
1 EL Olivenöl
4 Zweiglein Thymian

---

1 kg Gschwellti (fest kochende Sorte) vom Vortag, grob gerieben
400 g Lauch, in Ringen
100 g Speckwürfeli
1 roter Peperoncino, entkernt, in Ringen
1 TL Salz
50 g Butter, in Stücken

¾ TL Salz
wenig Pfeffer
1 Bio-Zitrone, in Schnitzen

Zeit in der Küche: ca. 20 Min.

1. **Schnittlauchquark:** Quark, Schnittlauch, Salz und Pfeffer verrühren, zugedeckt kühl stellen.
2. Fischfilets mit einer Pinzette von allfälligen Gräten befreien. Fisch mit Öl bestreichen, Thymian darauflegen, zugedeckt kühl stellen.
3. Kartoffeln und alle Zutaten bis und mit Salz in einer Schüssel mischen, ca. 2 cm dick auf einem mit Backpapier belegten Blech verteilen, leicht andrücken. Butter darauf verteilen.

Zeit im Ofen: ca. 40 Min.

4. **Backen:** ca. 30 Min. in der oberen Hälfte des auf 220 Grad vorgeheizten Ofens. Herausnehmen, Fisch würzen, auf die Rösti legen, ca. 10 Min. fertig backen. Kräuterquark und Zitronenschnitze dazu servieren.

Portion: 586 kcal, F 27 g, Kh 39 g, E 42 g

Nicht vergessen: Für die Rösti brauchen Sie Gschwellti! Also kochen Sie die Kartoffeln bereits am Vortag und lassen sie abtropfen. Bis am nächsten Tag bewahren Sie die Gschwellti zugedeckt bei Raumtemperatur auf.

Fischragout mit Basmatireis

20 Min. + 25 Min. im Ofen

Für 4 ofenfeste Formen von je ca. 5 dl und eine ofenfeste Form von ca. 2 Litern, alle gefettet

---

1 EL Butter
1 Schalotte, fein gehackt
2 Stängel Zitronengras, längs halbiert
5 dl Kokosmilch
1 Limette, heiss abgespült, trocken getupft, wenig abgeriebene Schale und 2 EL Saft
½ TL Kurkuma
½ TL Salz
400 g Lachsfilet ohne Haut (Bio), in ca. 2 cm grossen Würfeln
4 Jakobsmuscheln (MSC)
4 geschälte rohe Riesencrevetten-Schwänze (Bio, ca. 200 g)
¾ TL Salz

---

250 g Basmatireis
5 dl Gemüsebouillon

---

20 g gesalzene Erdnüsse, grob gehackt
einige Korianderblättchen

Zeit in der Küche: ca. 20 Min.

1. Butter in einer Pfanne warm werden lassen. Schalotte und Zitronengras andämpfen. Kokosmilch dazugiessen, Limettenschale und -saft mit Kurkuma beigeben, aufkochen, salzen. Sauce in die kleinen vorbereiteten Formen verteilen. Fisch, Muscheln und Crevetten salzen, auf die Formen verteilen.
2. Reis in die grosse vorbereitete Form geben. Bouillon aufkochen, darübergiessen.

Zeit im Ofen: ca. 25 Min.

3. **Garen:** Fischragout und Reis ca. 25 Min. in der Mitte des auf 200 Grad vorgeheizten Ofens. Reis dabei einmal mischen. Herausnehmen, Erdnüsse und Koriander über das Ragout streuen.

Portion: 795 kcal, F 43 g, Kh 59 g, E 42 g

Tipp: Bevorzugen Sie Tellerservice? Dann verwenden Sie für das Fischragout anstelle von vier kleinen Formen eine Form von ca. 2 Litern.

Lachsforellenfilets mit Crumble

25 Min. + 30 Min. im Ofen

70 g Mehl
50 g Mandeln, fein gehackt
50 g Butter, weich
1 EL Basilikum, fein geschnitten
½ TL Salz

---

4 Lachsforellenfilets (Bio, je ca. 150 g)
1 EL Olivenöl

---

600 g Fenchel, in ca. 4 mm dicken Scheiben
6 Dörrtomaten in Öl, abgetropft, in Streifen
1 Knoblauchzehe, in Scheibchen
2 EL Kapern, abgetropft
1 EL Olivenöl
½ TL Salz
wenig Pfeffer

½ TL Salz
wenig Pfeffer
250 g Cherry-Tomaten am Zweig

Zeit in der Küche: ca. 25 Min.

1. **Crumble:** Mehl, Mandeln, Butter, Basilikum und Salz mit einer Gabel mischen, bis eine krümelige Masse entsteht, zugedeckt beiseite stellen.
2. Fischfilets mit einer Pinzette von allfälligen Gräten befreien. Fisch mit Öl bestreichen, zugedeckt kühl stellen.
3. Fenchel und alle Zutaten bis und mit Pfeffer in einer Schüssel mischen, auf einer Hälfte eines mit Backpapier belegten Bleches verteilen.

Zeit im Ofen: ca. 30 Min.

4. **Backen:** ca. 20 Min. in der Mitte des auf 200 Grad vorgeheizten Ofens. Herausnehmen, Fisch würzen, neben den Fenchel auf das Blech legen, Crumble darauf verteilen. Tomaten danebenlegen, ca. 10 Min. in der oberen Hälfte des Ofens fertig backen.

Portion: 671 kcal, F 47 g, Kh 22 g, E 37 g

Kürbisauflauf mit Crevetten

15 Min. + 35 Min. im Ofen

Für eine ofenfeste Form von ca. 2½ Litern, gefettet

---

400 g geschälte rohe Riesencrevetten-Schwänze (Bio)
50 g Haselnüsse, grob gehackt
2 EL Olivenöl

---

800 g Kürbis (z. B. Butternut), in ca. 1½ cm grossen Würfeln
200 g rote Linsen
1 roter Peperoncino, entkernt, in Ringen
1 EL Olivenöl
¾ TL Salz
2 dl Gemüsebouillon
2 dl Saucen-Halbrahm
wenig Muskat
Salz, nach Bedarf

½ TL Salz
2 EL glattblättrige Petersilie, fein geschnitten

Zeit in der Küche: ca. 15 Min.

1. Crevetten, Nüsse und Öl mischen, zugedeckt kühl stellen.
2. Kürbis und alle Zutaten bis und mit Salz in der vorbereiteten Form mischen. Bouillon, Saucen-Halbrahm und Muskat verrühren, salzen, darübergiessen.

Zeit im Ofen: ca. 35 Min.

3. **Backen:** ca. 25 Min. in der Mitte des auf 220 Grad vorgeheizten Ofens. Herausnehmen, Kürbis mischen. Crevetten salzen, darauf verteilen, ca. 10 Min. fertig backen. Petersilie darüberstreuen.

Portion: 580 kcal, F 27 g, Kh 49 g, E 37 g

Gefüllte Peperoni

30 Min. + 40 Min. im Ofen

Für eine ofenfeste Form von ca. 3 Litern, gefettet

Öl zum Braten
300 g Hackfleisch (Poulet)
¼ TL Salz

1 Dose Kichererbsen (ca. 400 g), abgespült, abgetropft
250 g Cherry-Tomaten, halbiert
40 g Cashew-Nüsse, grob gehackt
2 Bundzwiebeln mit dem Grün, in feinen Ringen
1 Knoblauchzehe, gepresst
¾ TL Salz
200 g Feta, zerbröckelt
2 EL glattblättrige Petersilie, fein geschnitten
1 TL Sambal Oelek

6 Peperoni, je einen ca. 3 cm breiten Deckel abgeschnitten, entkernt
3 dl Hühnerbouillon

Zeit in der Küche: ca. 30 Min.

1. Öl in einer beschichteten Bratpfanne heiss werden lassen. Fleisch ca. 4 Min. anbraten, herausnehmen, salzen. Evtl. wenig Öl in dieselbe Pfanne geben.
2. Kichererbsen und alle Zutaten bis und mit Knoblauch ca. 2 Min. braten, salzen. Feta, Petersilie und Sambal Oelek daruntermischen.
3. Peperoni in die vorbereitete Form stellen, mit der Kichererbsenmischung füllen. Peperonideckel aufsetzen, Bouillon in die Form giessen.

Zeit im Ofen: ca. 40 Min.

4. **Backen:** ca. 40 Min. in der unteren Hälfte des auf 200 Grad vorgeheizten Ofens.

Portion: 505 kcal, F 26 g, Kh 31 g, E 34 g

Sommer-Flammkuchen

10 Min. + 20 Min. im Ofen

1 ausgewallter Flammkuchenteig (ca. 24×33 cm)
200 g Crème fraîche
1 roter Peperoncino, entkernt, fein gehackt
¼ TL Salz
3 Pfirsiche, in Schnitzen
80 g Baumnusskerne, grob gehackt

---

40 g Rucola
160 g Rohschinken in Tranchen

Zeit in der Küche: ca. 10 Min.

1. Teig entrollen, mit dem Backpapier ins Blech legen. Crème fraîche, Peperoncino und Salz verrühren, auf dem Teig verteilen. Pfirsiche und Nüsse darauf verteilen.

Zeit im Ofen: ca. 20 Min.

2. **Backen:** ca. 20 Min. auf der untersten Rille des auf 240 Grad vorgeheizten Ofens. Herausnehmen, Rucola und Rohschinken darauf verteilen.

Portion: 641 kcal, F 41 g, Kh 43 g, E 22 g

Tipp: Probieren Sie im Sommer auch die feine Variante mit Aprikosen statt Pfirsichen. Im Herbst und Winter servieren Sie den Flammkuchen mit Birnen. Dieses Turbo-Gericht wird Sie und Ihre Lieben so oder so begeistern.

Familien-Pizza

🕐 **15 Min. + 25 Min. im Ofen**

1 ausgewallter Pizzateig (ca. 25×38 cm)
200 g saurer Halbrahm
1 Dose gehackte Tomaten (ca. 400 g)
100 g tiefgekühlte Erbsli, angetaut
¾ TL Salz
wenig Pfeffer

---

150 g Mozzarella, grob gerieben
100 g Hinterschinken in Tranchen, zerzupft
100 g Cherry-Tomaten, halbiert
3 EL geriebener Parmesan
1 EL Olivenöl

---

einige Basilikumblätter

Zeit in der Küche: ca. 15 Min.

1. Teig entrollen, mit dem Backpapier ins Blech legen. Teig bis an den Blechrand ausziehen. Sauren Halbrahm, Tomaten und Erbsli darauf verteilen, würzen.
2. Mozzarella, Schinken und Tomaten darauf verteilen, Käse darüberstreuen, Öl darüberträufeln.

Zeit im Ofen: ca. 25 Min.

3. **Backen:** ca. 25 Min. auf der untersten Rille des auf 240 Grad vorgeheizten Ofens. Herausnehmen, Basilikum darauf verteilen.

Portion: 532 kcal, F 24 g, Kh 51 g, E 25 g

Käse-Hackbraten mit Polenta

35 Min. + 50 Min. im Ofen

Für ein weites Bratgeschirr und eine ofenfeste Form von ca. 2 Litern, gefettet

1 EL Butter
1 Zwiebel, fein gehackt
50 g Brot, in Würfeli
3 EL Petersilie, fein geschnitten
1½ TL Salz
wenig Pfeffer

800 g Hackfleisch (Rind und Schwein)
200 g Bratspeck in Tranchen
200 g Gruyère, in Stängeli

1,2 l Gemüsebouillon
250 g mittelfeiner Maisgriess (4 Min.)
100 g Gruyère, gerieben
20 g Baumnusskerne, grob gehackt

2 EL Bratbutter
1 dl Weisswein
1 dl Fleischbouillon
500 g Cherry-Tomaten am Zweig
250 g Champignons, in Vierteln

Zeit in der Küche: ca. 35 Min.

1. Butter in einer Pfanne warm werden lassen. Zwiebel ca. 5 Min. andämpfen. Brotwürfeli und Petersilie kurz mitdämpfen, würzen, in eine Schüssel geben, etwas abkühlen.
2. Fleisch beigeben, von Hand gut kneten, bis sich die Zutaten zu einer kompakten Masse verbinden. Speck leicht überlappend auf die Arbeitsfläche legen, Fleischmasse darauf verteilen, etwas flach drücken. Käse längs in die Mitte legen, dabei an den Enden einen Rand von ca. 2 cm frei lassen, Braten sorgfältig aufrollen.
3. Bouillon aufkochen, Maisgriess einrühren, unter Rühren bei kleiner Hitze ca. 4 Min. zu einem dicken Brei köcheln. Polenta in die vorbereitete Form geben, Käse und Nüsse darüberstreuen.

Zeit im Ofen: ca. 50 Min.

4. **Braten:** Bratbutter im Bratgeschirr in der Mitte des auf 240 Grad vorgeheizten Ofens heiss werden lassen. Braten in die Form legen, ca. 15 Min. anbraten. Wein und Bouillon dazugiessen, Tomaten und Champignons beigeben. Polenta neben dem Bratgeschirr in den Ofen stellen. Hitze auf 160 Grad reduzieren, ca. 35 Min. fertig braten.

Portion: 1335 kcal, F 86 g, Kh 60 g, E 77 g

Fleischkäse mit buntem Gemüse

25 Min. + 1 Std. im Ofen

Für eine Cakeform von ca. 25 cm, mit Backpapier ausgelegt

3 EL grobkörniger Senf
1 EL flüssiger Honig
1 EL glattblättrige Petersilie, fein geschnitten

1 EL Olivenöl
200 g Lauch, in feinen Ringen
2 EL Kürbiskerne
2 EL glattblättrige Petersilie, fein geschnitten
750 g Fleischkäse zum Selberbacken

600 g rohe Randen, geschält, in Schnitzen
300 g Pastinaken, in ca. 5 mm dicken Scheiben
300 g Rüebli, in ca. 5 cm langen Stängeln
2 Knoblauchzehen, halbiert
2 EL Olivenöl
¾ TL Salz
wenig Pfeffer

Zeit in der Küche: ca. 25 Min.

1. **Honigsenf:** Senf, Honig und Petersilie verrühren, zugedeckt beiseite stellen.
2. Öl in einer Pfanne warm werden lassen. Lauch ca. 4 Min. andämpfen, in eine Schüssel geben. Kürbiskerne und Petersilie beigeben, auskühlen. Brät beigeben, mischen, in der vorbereiteten Form verteilen, diese auf ein mit Backpapier belegtes Blech stellen.
3. Randen und alle restlichen Zutaten in einer Schüssel mischen, beiseite stellen.

Zeit im Ofen: ca. 1 Std.

4. **Backen:** Fleischkäse ca. 15 Min. in der Mitte des auf 180 Grad vorgeheizten Ofens. Gemüse auf dem Blech verteilen, ca. 45 Min. fertig backen. Honigsenf dazu servieren.

Portion: 755 kcal, F 55 g, Kh 31 g, E 30 g

Dazu passt: Brot.

Tipp: Fleischkäse und Gemüse lassen sich bis zu 30 Min. im auf 60 Grad heissen Ofen warm halten.

Lasagne verdi al forno

50 Min. + 35 Min. im Ofen

Für eine weite ofenfeste Form von ca. 2½ Litern, gefettet

Öl zum Braten
600 g **Hackfleisch** (Rind und Schwein)
½ TL **Salz**

1 **Zwiebel,** fein gehackt
1 **Knoblauchzehe,** gepresst
200 g **Rüebli,** in Würfeli
200 g **Zucchini,** in Würfeli
4 EL **Tomatenpüree**
3 dl **Rotwein**
3 dl **Fleischbouillon**
1 EL **Majoran,** fein geschnitten
1 EL **Rosmarin,** fein geschnitten

3 EL **Butter**
3 EL **Mehl**
6 dl **Milch**
¾ TL **Salz**
wenig **Pfeffer**

15 **Lasagne-Blätter** (z. B. grüne)
100 g **geriebener Sbrinz**

Zeit in der Küche: ca. 50 Min.

1. Wenig Öl im Brattopf heiss werden lassen. Fleisch portionenweise je ca. 4 Min. anbraten, herausnehmen, salzen. Hitze reduzieren, Bratfett auftupfen, evtl. wenig Öl beigeben.
2. Zwiebel und Knoblauch andämpfen. Rüebli, Zucchini und Tomatenpüree kurz mitdämpfen. Wein und Bouillon dazugiessen, Majoran und Rosmarin beigeben, aufkochen, Hitze reduzieren. Fleisch wieder beigeben, zugedeckt ca. 20 Min. schmoren.
3. **Béchamelsauce:** Butter in einer Pfanne warm werden lassen. Mehl unter Rühren mit dem Schwingbesen dünsten, das Mehl darf dabei keine Farbe annehmen. Pfanne von der Platte nehmen. Milch dazugiessen, unter Rühren aufkochen, Hitze reduzieren, würzen, unter gelegentlichem Rühren ca. 10 Min. köcheln, bis die Sauce sämig ist.
4. 4 EL Béchamelsauce in der vorbereiteten Form verteilen. Lasagne-Blätter, Fleisch und Sauce lagenweise in die Form schichten, mit Sauce abschliessen. Käse darüberstreuen.

Zeit im Ofen: ca. 35 Min.

5. **Backen:** ca. 35 Min. in der Mitte des auf 200 Grad vorgeheizten Ofens. Herausnehmen, ca. 5 Min. ruhen lassen.

Portion: 937 kcal, F 47 g, Kh 70 g, E 53 g

Tipp: Lasagne 1 Tag im Voraus vorbereiten, zugedeckt kühl stellen. Form in den kalten Ofen schieben, die Backzeit verlängert sich um ca. 10 Minuten.

Schnelle Lasagne al tonno

15 Min. + 35 Min. im Ofen

Für eine weite ofenfeste Form von ca. 2½ Litern, gefettet

- **150 g Essiggurken,** in Scheibchen
- **50 g Kapern,** abgetropft
- **3 Bundzwiebeln mit dem Grün,** in Ringen
- **1 roter Peperoncino,** entkernt, in Ringen
- **1 Knoblauchzehe,** gepresst

- **2 Rollen Pastateig**
- **4 dl Saucen-Halbrahm**
- **½ TL Salz**
- **wenig Pfeffer**
- **2 Dosen Thon in Salzwasser** (MSC, je ca. 200 g), abgetropft, zerzupft
- **2 Tomaten,** in Scheiben
- **80 g geriebener Parmesan**

Zeit in der Küche: ca. 15 Min.

1. Essiggurken und alle Zutaten bis und mit Knoblauch mischen.
2. Pastateige entrollen, quer halbieren. Saucen-Halbrahm würzen, davon 4 EL in der vorbereiteten Form verteilen. Teigstücke lagenweise mit Gurkengemüse, Thon, Saucen-Halbrahm und Tomaten in die Form schichten, mit Saucen-Halbrahm abschliessen. Käse darüberstreuen.

Zeit im Ofen: ca. 35 Min.

3. **Backen:** ca. 35 Min. in der Mitte des auf 200 Grad vorgeheizten Ofens. Herausnehmen, ca. 5 Min. ruhen lassen.

Portion: 644 kcal, F 34 g, Kh 46 g, E 38 g

Tipp: Sie können die Lasagne ca. ½ Tag im Voraus fertig vorbereiten und zugedeckt im Kühlschrank aufbewahren. Form in den kalten Ofen schieben, die Backzeit verlängert sich um ca. 10 Minuten.

Mediterraner Auflauf mit Crevetten

15 Min. + 35 Min. im Ofen

Für eine weite ofenfeste Form von ca. 2½ Litern, gefettet

- **400 g geschälte rohe Crevettenschwänze** (Bio)
- **50 g schwarze Oliven**
- **50 g Kapernäpfel,** abgetropft
- **2 EL glattblättrige Petersilie,** grob geschnitten
- **1 EL Olivenöl**

- **1 Dose gehackte Tomaten** (ca. 800 g)
- **130 g geriebener Sbrinz**
- **1 Zucchini,** in Würfeli
- **2 Knoblauchzehen,** in Scheibchen
- **1 roter Peperoncino,** entkernt, in Ringen
- **2½ dl Vollrahm**
- **1½ dl Gemüsebouillon**

- **350 g Teigwaren** (z. B. Orecchiette)

- **½ TL Salz**

Zeit in der Küche: ca. 15 Min.

1. Crevetten und alle Zutaten bis und mit Öl mischen, zugedeckt kühl stellen.
2. Tomaten, die Hälfte des Käses und alle Zutaten bis und mit Bouillon in der Form mischen.
3. Teigwaren kurz vor dem Backen beigeben, mischen.

Zeit im Ofen: ca. 35 Min.

4. **Backen:** ca. 25 Min. in der Mitte des auf 200 Grad vorgeheizten Ofens. Herausnehmen, Teigwaren mischen, restlichen Käse darauf verteilen. Crevetten salzen, darauf verteilen, ca. 10 Min. fertig backen.

Portion: 837 kcal, F 39 g, Kh 74 g, E 43 g

Sommer-Tipp: Servieren Sie diesen feinen Teigwarenauflauf ohne Crevetten als raffinierte und schnelle Beilage zu Grilladen.

Aus der Ferne

Linsen mit orientalischem Gemüse

20 Min. + 30 Min. im Ofen **vegi**

Für eine ofenfeste Form von ca. 1 Liter

360 g Joghurt nature
2 EL Pfefferminze, fein geschnitten
2 TL Dukkah
1 Prise Salz

400 g Süsskartoffeln, in ca. 5 mm dicken Scheiben
400 g Rüebli, längs in Vierteln
400 g gekochte Randen, in ca. 1 cm dicken Scheiben
300 g Sellerie, in ca. 1½ cm grossen Würfeln
2 EL Olivenöl
1 EL Dukkah (siehe Hinweis)
½ TL Salz

200 g schwarze Linsen (Beluga)
4 dl Wasser

½ TL Salz

Zeit in der Küche: ca. 20 Min.

1. **Minze-Joghurt:** Joghurt, Pfefferminze, Dukkah und Salz verrühren, zugedeckt kühl stellen.
2. Süsskartoffeln, Rüebli, Randen und Sellerie auf einem mit Backpapier belegten Blech verteilen. Öl darüberträufeln, Dukkah darüberstreuen, salzen.
3. Linsen in die Form geben. Wasser aufkochen, darübergiessen.

Zeit im Ofen: ca. 30 Min.

4. **Backen:** Linsen auf dem Ofengitter, Gemüse im Blech ca. 30 Min. im auf 200 Grad vorgeheizten Ofen (Heissluft). Gemüse und Linsen dabei je einmal mischen. Herausnehmen, Linsen salzen. Joghurt dazu servieren.

Portion: 417 kcal, F 11 g, Kh 57 g, E 19 g

Hinweis: Dukkah ist eine afrikanisch-orientalische Nuss-Gewürz-Mischung ägyptischer Herkunft. Erhältlich in grösseren Coop Supermärkten. Ersatz: Curry.

Chili con carne

30 Min. + 12 Std. einweichen + 2 Std. im Ofen

150 g rote Kidney-Bohnen, ca. 12 Std. eingeweicht, (siehe Tipp)

Öl zum Braten
500 g Hackfleisch (Rind und Schwein)
1½ TL Salz

---

1 Zwiebel, fein gehackt
2 Knoblauchzehen, gepresst
1 roter Chili, entkernt, fein gehackt
2 EL Tomatenpüree
1 TL Cayennepfeffer

---

4 dl Rotwein
2 dl Wasser
1 Dose gehackte Tomaten (ca. 800 g)
1 Dose Maiskörner (ca. 340 g), abgespült, abgetropft
200 g fest kochende Kartoffeln, in ca. 1 cm grossen Würfeln

Salz, nach Bedarf
3 EL Koriander, grob geschnitten

Zeit in der Küche: ca. 30 Min.

1. Bohnen abgiessen, abtropfen.
2. Öl im Brattopf heiss werden lassen. Fleisch portionenweise je ca. 2 Min. anbraten, herausnehmen, salzen. Hitze reduzieren. Bratfett auftupfen, evtl. wenig Öl beigeben.
3. Zwiebel und alle Zutaten bis und mit Cayennepfeffer ca. 1 Min. andämpfen.
4. Wein und Wasser dazugiessen. Tomaten, Maiskörner und Kartoffeln mit den Bohnen beigeben, Fleisch wieder beigeben, mischen.

Zeit im Ofen: ca. 2 Std.

5. **Schmoren:** zugedeckt ca. 1½ Std. in der unteren Hälfte des auf 180 Grad vorgeheizten Ofens. Deckel entfernen, ca. 30 Min. fertig köcheln, salzen. Koriander darüberstreuen.

Portion: 529 kcal, F 21 g, Kh 40 g, E 37 g

Tipps: Haben Sie das Einweichen der Bohnen vergessen? Kein Problem, verwenden Sie einfach 1 Dose Indianerbohnen (ca. 400 g), Bohnen abspülen und abtropfen. Zum Chili servieren Sie nach Lust und Laune Tortillas, Tortilla-Chips oder Brot.

Pork Gumbo

30 Min. + 1½ Std. im Ofen

Öl zum Braten
800 g Schweinsbrust ohne Schwarte (beim Metzger vorbestellt), in ca. 2 cm grossen Würfeln
2 EL Mehl
1 TL Salz
½ TL Cayennepfeffer

---

2 rote Peperoni, in ca. 2 cm grossen Stücken
2 Stängel Stangensellerie, in ca. 2 cm grossen Stücken
3 Tomaten, entkernt, in ca. 2 cm grossen Stücken
2 Zwiebeln, in ca. 2 cm grossen Stücken
2 Knoblauchzehen, in Scheibchen
3 dl Fleischbouillon
1 EL Akazienhonig
1 Lorbeerblatt
1 Zimtstange

Salz, nach Bedarf

Zeit in der Küche: ca. 30 Min.

1. Wenig Öl im Brattopf heiss werden lassen. Fleisch portionenweise mit Mehl bestäuben, je ca. 2 Min. anbraten, herausnehmen, würzen. Hitze reduzieren, Bratfett auftupfen, wenig Öl beigeben.
2. Peperoni und alle Zutaten bis und mit Knoblauch ca. 10 Min. andämpfen. Bouillon dazugiessen, aufkochen. Fleisch wieder beigeben, Honig, Lorbeer und Zimt beigeben, mischen.

Zeit im Ofen: ca. 1½ Std.

3. **Schmoren:** zugedeckt ca. 1 Std. in der Mitte des auf 180 Grad vorgeheizten Ofens. Deckel entfernen, ca. 30 Min. fertig schmoren, salzen.

Portion: 556 kcal, F 34 g, Kh 21 g, E 39 g

Tipps: Klassisch servieren Sie zu diesem Gericht aus den Südstaaten Trockenreis oder ganz einfach Brot; auch Teigwaren passen. Anstelle von Schweinsbrust können Sie auch Schweinsvoressen verwenden.

Lamm-Tajine

20 Min. + 2½ Std. im Ofen

Für einen Brattopf oder eine Tajine

250 g Magerquark
3 EL glattblättrige Petersilie, grob geschnitten
2 Prisen Salz
wenig Pfeffer

800 g Lammvoressen (Schulter), in ca. 3 cm grossen Würfeln
1 Dose Kichererbsen (ca. 400 g), abgespült, abgetropft
2 rote Peperoni, in Stücken
2 Zwiebeln, in feinen Streifen
1 Knoblauchzehe, in Scheibchen
100 g Dörraprikosen
50 g geschälte Mandeln
1 EL Raz el Hanout (siehe Hinweis)
2 EL Olivenöl
1½ TL Salz

Zeit in der Küche: ca. 20 Min.

1. **Petersilienquark:** Quark und Petersilie verrühren, würzen. Zugedeckt kühl stellen.
2. Brattopf oder Tajine ohne Deckel in die untere Hälfte des kalten Ofens schieben. Ofen auf 120 Grad vorheizen.
3. Fleisch und alle Zutaten bis und mit Salz in einer Schüssel mischen, in den heissen Brattopf geben.

Zeit im Ofen: ca. 2½ Std.

4. **Schmoren:** zugedeckt ca. 2½ Std. Quark dazu servieren.

Portion: 643 kcal, F 31 g, Kh 31 g, E 56 g

Tipp: Servieren Sie zur Tajine ganz klassisch Couscous; auch Trockenreis passt gut.

Hinweis: Raz el Hanout ist eine marokkanische Gewürzmischung, die bis zu 30 verschiedene Gewürze enthält. Erhältlich in grösseren Coop Supermärkten. Ersatz: milder Curry.

Poulet-Curry-Topf

30 Min. + 1 Std. im Ofen

Für einen Brattopf oder Römertopf (siehe Tipp)

360 g Joghurt nature
2 EL Pfefferminze, fein geschnitten
2 Prisen Salz

1 kg Poulet-Oberschenkel, Haut entfernt (Haut nicht wegwerfen, siehe Tipp S. 168)
400 g Baby-Kartoffeln, in Vierteln
400 g Rüebli, in Stängeln
300 g Chinakohl, in Streifen
1 rote Zwiebel, in feinen Streifen
2 Knoblauchzehen, in Scheibchen
100 g gelbe Linsen
50 g helle Sultaninen
50 g Cashew-Nüsse, geröstet
1 EL milder Curry
1 EL Olivenöl
1½ TL Salz

Zeit in der Küche: ca. 30 Min.

1. **Minze-Joghurt:** Joghurt und Pfefferminze verrühren, salzen, zugedeckt kühl stellen.
2. Brattopf ohne Deckel in die untere Hälfte des kalten Ofens schieben. Ofen auf 180 Grad vorheizen.
3. Poulet und alle Zutaten bis und mit Salz in einer Schüssel mischen, in den heissen Brattopf geben.

Zeit im Ofen: ca. 1 Std.

4. **Schmoren:** zugedeckt ca. 1 Std. Joghurt dazu servieren.

Portion: 625 kcal, F 24 g, Kh 48 g, E 50 g

Tipps: Legen Sie den Römertopf vor dem Füllen ca. 30 Min. in Wasser ein. Nach dem Füllen setzen Sie den Deckel auf und schieben den Römertopf in den kalten Ofen. Schmoren Sie das Curry wie oben, die Schmorzeit verlängert sich um ca. 20 Min. Servieren Sie das Curry mit Couscous oder Trockenreis.

Gemüse-Tajine mit Couscous

30 Min. + 1 Std. im Ofen **vegan**

Für einen Brattopf oder eine Tajine

- **250 g Couscous**
- **1 Bundzwiebel mit dem Grün,** in feinen Ringen
- **1 Briefchen Safran**
- **½ TL Salz**
- **3 dl Wasser,** siedend
- **1 Bio-Zitrone,** wenig abgeriebene Schale, ganzer Saft
- **2 EL Olivenöl**

- **400 g Pastinaken** oder Sellerie, in ca. 1½ cm grossen Würfeln
- **300 g Rüebli,** in ca. 1½ cm grossen Stücken
- **200 g fest kochende Kartoffeln,** in ca. 1½ cm grossen Würfeln
- **100 g entsteinte Dörrpflaumen**
- **3 Tomaten,** in Würfeln
- **1 Zwiebel,** in Ringen
- **2 Knoblauchzehen,** in Scheibchen
- **1 roter Peperoncino,** entkernt, in Ringen
- **1 EL Olivenöl**
- **½ TL Salz**
- **1 dl Gemüsebouillon**

- **2 TL Dukkah** (siehe Hinweis)

Zeit in der Küche: ca. 30 Min.

1. Couscous, Bundzwiebel und Safran in eine Schüssel geben, salzen. Wasser darübergiessen, zugedeckt ca. 5 Min. quellen lassen. Zitronenschale und -saft mit dem Öl beigeben, mischen, zugedeckt beiseite stellen.
2. Brattopf oder Tajine ohne Deckel in die untere Hälfte des kalten Ofens schieben. Ofen auf 180 Grad vorheizen.
3. Pastinaken und alle Zutaten bis und mit Salz in einer Schüssel mischen, in den heissen Brattopf geben. Bouillon dazugiessen.

Zeit im Ofen: ca. 1 Std.

4. **Schmoren:** zugedeckt ca. 1 Std. Herausnehmen, Dukkah darüberstreuen, Couscous dazu servieren.

Portion: 524 kcal, F 11 g, Kh 86 g, E 13 g

Hinweis: Dukkah ist eine afrikanisch-orientalische Nuss-Gewürz-Mischung ägyptischer Herkunft. Erhältlich in grösseren Coop Supermärkten. Ersatz: Curry.

Tipp: Das Couscous können Sie bereits ½ Tag im Voraus zubereiten und zugedeckt beiseite stellen.

Fajitas aus dem Ofen

30 Min. + 20 Min. im Ofen

2 Avocados, in Stücken
1 Limette, nur Saft
1 roter Chili, entkernt, fein gehackt
1 EL Koriander, fein geschnitten
¼ TL Salz

---

800 g geschnetzeltes Pouletfleisch
100 g Bratspeck, in Streifen
1 EL Olivenöl
¾ TL Salz
wenig Pfeffer

---

480 g gekochte Maiskolben, in Stücken
250 g Snack-Peperoni, in Vierteln, entkernt
8 Jalapeños, halbiert, entkernt
2 rote Zwiebeln, in Schnitzen
1 EL Olivenöl
½ TL Salz

---

12 Mini-Weizen-Tortillas
200 g saurer Halbrahm
100 g Cherry-Tomaten, in Vierteln
einige Korianderblättchen

Zeit in der Küche: ca. 30 Min.

1. **Guacamole:** Avocados mit einer Gabel zerdrücken. Limettensaft, Chili, Koriander und Salz daruntermischen. Zugedeckt kühl stellen.
2. Pouletfleisch und alle Zutaten bis und mit Pfeffer in einer Schüssel mischen, auf einem mit Backpapier belegten Blech verteilen.
3. Maiskolben und alle Zutaten bis und mit Salz mischen, auf einem zweiten mit Backpapier belegten Blech verteilen.

Zeit im Ofen: ca. 20 Min.

4. **Backen:** ca. 20 Min. im auf 200 Grad vorgeheizten Ofen (Heissluft). Fleisch dabei einmal mischen.
5. Tortillas nach Angabe auf der Verpackung zubereiten. Wenig Guacamole und sauren Halbrahm auf den Tortillas verteilen. Poulet, Ofengemüse, Tomaten und Koriander darauf verteilen, aufrollen. Maiskolben dazu servieren.

Portion: 763 kcal, F 41 g, Kh 33 g, E 59 g

Noch einfacher: Servieren Sie die Tortillas ungefüllt und stellen Sie alle Beilagen in Schüsseln auf den Tisch, alle belegen ihre Fajitas selbst. Sie werden sehen: Grosse und kleine Kinder werden begeistert sein.

Köfte mit Kürbis im Fladenbrot

30 Min. + 30 Min. im Ofen

300 g griechisches Joghurt nature
2 EL Petersilie, fein geschnitten
1 Bio-Zitrone, wenig abgeriebene Schale
2 Prisen Salz

---

800 g Hackfleisch (Rind und Lamm)
1 Ei
1 Knoblauchzehe, gepresst
2 EL dunkle Sultaninen, fein gehackt
2 EL Petersilie, fein geschnitten
2 EL Paniermehl
1 TL milder Curry
¼ TL Kreuzkümmelpulver
¼ TL Zimt
1¼ TL Salz
12 Holzspiesschen
1 EL Olivenöl

---

600 g Kürbis (z. B. Butternut), in ca. 1 cm dicken Scheiben
1 EL Olivenöl
½ TL Salz
wenig Pfeffer

---

6 Pittabrote
1 Granatapfel, Kerne ausgelöst

Zeit in der Küche: ca. 30 Min.

1. **Petersilien-Joghurt:** Joghurt, Petersilie und Zitronenschale verrühren, salzen, zugedeckt kühl stellen.
2. Fleisch und alle Zutaten bis und mit Salz in einer Schüssel mischen, gut kneten, bis sich die Zutaten zu einer kompakten Masse verbinden. Masse in 12 Portionen teilen, diese mit nassen Händen oval formen (Köfte), an die Holzspiesschen stecken. Köfte auf ein mit Backpapier belegtes Blech legen, mit Öl bestreichen.
3. Kürbis, Öl, Salz und Pfeffer in einer Schüssel mischen, auf einem zweiten mit Backpapier belegten Blech verteilen.

Zeit im Ofen: ca. 30 Min.

4. **Backen:** ca. 30 Min. im auf 200 Grad vorgeheizten Ofen (Heissluft). Köfte dabei einmal wenden und mit dem entstandenen Saft bestreichen, Kürbis einmal mischen.
5. Pittabrote nach Angabe auf der Verpackung backen oder toasten, einschneiden, mit dem Kürbis, Köfte, Joghurt und Granatapfelkernen servieren.

Portion: 933 kcal, F 43 g, Kh 82 g, E 54 g

Tipp: Mögen Sie kein Lamm? Dann wählen Sie Rinds- und Schweinshackfleisch gemischt, aber probieren Sie diese feinen Köfte auf jeden Fall!

Börek mit Hackfleisch und Spinat

35 Min. + 30 Min. im Ofen

Ergibt 4 Stück

Öl zum Braten
300 g Hackfleisch (Rind)

1 Zwiebel, in feinen Streifen
1 Knoblauchzehe, in Scheibchen
500 g Blattspinat
¼ TL Cayennepfeffer
¼ TL Zimt
1 TL Salz
200 g Feta, zerbröckelt
60 g Baumnusskerne, grob gehackt

2 Päckli Strudelteig (je ca. 120 g)
4 EL Olivenöl

Zeit in der Küche: ca. 35 Min.

1. Wenig Öl in einer beschichteten Bratpfanne heiss werden lassen. Fleisch portionenweise je ca. 5 Min. anbraten, herausnehmen, Hitze reduzieren.
2. Wenig Öl in derselben Pfanne warm werden lassen. Zwiebel und Knoblauch ca. 2 Min. andämpfen. Spinat nach und nach beigeben, zusammenfallen lassen. Fleisch wieder beigeben, würzen, etwas abkühlen. Feta und Nüsse daruntermischen.
3. Teigblätter sorgfältig auseinanderfalten. Ein Teigblatt auf ein Tuch legen, mit wenig Öl bestreichen, ein zweites Teigblatt leicht überlappend darauflegen. ¼ der Füllung auf dem unteren Drittel des Teiges verteilen, dabei seitlich einen Rand von ca. 3 cm frei lassen. Seitliche Ränder einschlagen, Tuch anheben, Strudel locker aufrollen, zu einer Schnecke einrollen. RestlicheBöreks gleich formen. Mit dem Verschluss nach unten auf ein mit Backpapier belegtes Blech legen. Böreks mit restlichem Öl bestreichen.

Zeit im Ofen: ca. 30 Min.

4. **Backen:** ca. 30 Min. in der unteren Hälfte des auf 200 Grad vorgeheizten Ofens.

Stück: 788 kcal, F 52 g, Kh 41 g, E 35 g

Tipp: Servieren Sie zu den herzhaften Börek einen leichten Blattsalat mit Granatapfelkernen. Eine herrliche Kombination!

Rindsgulasch aus dem Ofen

30 Min. + 2½ Std. im Ofen

Bratbutter zum Braten
800 g **Rindsvoressen** (z. B. Schulter)
1 EL **Edelsüss-Paprika**
1 TL **Salz**

---

2 **rote Zwiebeln,** fein gehackt
1 **Knoblauchzehe,** fein gehackt
300 g **fest kochende Kartoffeln,** in ca. 1 cm grossen Würfeln
1 **Rüebli,** in ca. 1 cm grossen Würfeln
je 1 **rote und gelbe Peperoni,** in ca. 2 cm grossen Stücken
2 EL **Tomatenpüree**

---

2 dl **Rotwein**
5 dl **Fleischbouillon**

Salz, Pfeffer, nach Bedarf
200 g **saurer Halbrahm**
2 EL **Petersilie,** fein geschnitten

Zeit in der Küche: ca. 30 Min.

1. Wenig Bratbutter im Brattopf heiss werden lassen. Fleisch portionenweise je ca. 5 Min. anbraten, herausnehmen, würzen. Hitze reduzieren, Bratfett auftupfen, evtl. wenig Bratbutter beigeben.
2. Zwiebeln und alle Zutaten bis und mit Peperoni ca. 2 Min. andämpfen, Tomatenpüree kurz mitdämpfen.
3. Wein und Bouillon dazugiessen, aufkochen, Hitze reduzieren. Fleisch wieder beigeben.

Zeit im Ofen: ca. 2½ Std.

4. **Schmoren:** zugedeckt ca. 2½ Std. in der unteren Hälfte des auf 180 Grad vorgeheizten Ofens. Herausnehmen, Gulasch würzen, anrichten. Sauren Halbrahm darauf verteilen, Petersilie darüberstreuen.

Portion: 427 kcal, F 15 g, Kh 21 g, E 47 g

Tipps: Als Beilagen empfehlen wir Ihnen Knöpfli oder Nudeln. Auch Brot passt sehr gut. Übrigens schmeckt das Gulasch aufgewärmt hervorragend, Sie können das Gericht also prima vorbereiten. Den sauren Halbrahm und die Petersilie erst vor dem Servieren oder erst am Tisch beigeben.

Vietnamesisches Poulet-Curry (mild)

20 Min. + 30 Min. im Ofen

- **5 dl Kokosmilch**
- **3 EL gelbe Currypaste**
- **1 EL Limettensaft**
- **1 EL Ingwer,** fein gerieben
- **½ TL Kurkuma**
- **1 Knoblauchzehe,** in Scheibchen
- **500 g Blumenkohl,** in Röschen
- **400 g Baby-Kartoffeln,** in Vierteln
- **1 Bundzwiebel mit dem Grün,** in feinen Ringen, Grün beiseite gestellt
- **2 Stängel Zitronengras,** gequetscht
- **1 Sternanis**

- **4 Pouletbrüstli** (je ca. 160 g), in ca. 1½ cm grossen Würfeln
- **½ TL Salz**
- **2 TL Maizena**

Zeit in der Küche: ca. 20 Min.

1. Kokosmilch im Brattopf aufkochen, Hitze reduzieren. Currypaste und alle Zutaten bis und mit Knoblauch beigeben, gut verrühren. Blumenkohl, Kartoffeln, Bundzwiebel, Zitronengras und Sternanis beigeben, mischen, aufkochen.

Zeit im Ofen: ca. 30 Min.

2. **Schmoren:** zugedeckt ca. 20 Min. in der Mitte des auf 200 Grad vorgeheizten Ofens. Herausnehmen, Poulet, Salz und Maizena mischen, beigeben, gut mischen. Zugedeckt ca. 10 Min. fertig schmoren. Zitronengras entfernen, beiseite gestelltes Bundzwiebelgrün darüberstreuen.

Portion: 547 kcal, F 26 g, Kh 31 g, E 45 g

Tipp: Sie und Ihre Lieben mögen es scharf? Schmoren Sie 1 oder 2 rote Chili, entkernt, in Ringen, mit. Mögen nicht alle scharf? Dann servieren Sie die Chiliringe einfach separat.

Indisches Gemüse-Curry

25 Min. + 45 Min. im Ofen **vegi**

1 EL Ghee (siehe Hinweis) oder Bratbutter
1 Zwiebel, fein gehackt
2 Knoblauchzehen, fein gehackt
2 TL Ingwer, fein gerieben
600 g Kürbis (z. B. Butternut), in ca. 1½ cm grossen Würfeln
1 Aubergine, in ca. 1½ cm grossen Würfeln
¾ TL Salz
400 g fest kochende Kartoffeln, in ca. 1½ cm grossen Würfeln
1 Dose Kichererbsen (ca. 400 g), abgespült, abgetropft
1 Tomate, entkernt, in Stücken
1½ EL Curry (z. B. Delhi)

2½ dl Kokosmilch
2½ dl Gemüsebouillon
1 EL Limettensaft

---

einige Zweiglein glattblättrige Petersilie, Blätter abgezupft

Zeit in der Küche: ca. 25 Min.

1. Ghee im Brattopf warm werden lassen. Zwiebel, Knoblauch und Ingwer andämpfen. Kürbis, Aubergine und Salz ca. 4 Min. mitdämpfen. Kartoffeln, Kichererbsen, Tomate und Curry daruntermischen.
2. Kokosmilch, Bouillon und Limettensaft dazugiessen, aufkochen.

Zeit im Ofen: ca. 45 Min.

3. **Schmoren:** zugedeckt ca. 25 Min. in der unteren Hälfte des auf 200 Grad vorgeheizten Ofens. Deckel entfernen, ca. 20 Min. fertig köcheln. Petersilie darüberstreuen.

Portion: 372 kcal, F 16 g, Kh 47 g, E 10 g

Hinweis: Ghee ist eingesottene, geklärte Butter und wird häufig in der indischen Küche verwendet. Erhältlich in Coop Supermärkten oder asiatischen Spezialitätenläden.

Vegan-Tipp: Das Gericht können Sie ganz einfach vegan zubereiten, wenn Sie Ghee durch Erdnussöl ersetzen.

Gemüse-Curry mit Linsen

25 Min. + 30 Min. im Ofen **vegan**

1 EL geröstetes Sesamöl
1 Zwiebel, in Schnitzen
1 Knoblauchzehe, in Scheibchen
200 g Stangensellerie, in Scheibchen
2 gelbe oder grüne Zucchini, längs geviertelt, in Stücken
1 rote Peperoni, in Stücken
150 g grüne Linsen
2 Stängel Zitronengras, gequetscht
3 EL rote Currypaste (Naturaplan)
2 EL Ingwer, fein gerieben

2½ dl Kokosmilch
1½ dl Gemüsebouillon

1 Tomate, in Würfeli
Salz, nach Bedarf

Zeit in der Küche: ca. 25 Min.

1. Öl im Brattopf warm werden lassen. Zwiebel und Knoblauch andämpfen. Stangensellerie, Zucchini und Peperoni ca. 2 Min. mitdämpfen. Linsen, Zitronengras, Currypaste und Ingwer daruntermischen.
2. Kokosmilch und Bouillon dazugiessen, aufkochen.

Zeit im Ofen: ca. 30 Min.

3. **Schmoren:** zugedeckt ca. 30 Min. in der Mitte des auf 200 Grad vorgeheizten Ofens. Tomate beigeben, salzen.

Portion: 682 kcal, F 32 g, Kh 64 g, E 26 g

Tipps: Garnieren Sie das Curry mit wenig grob geschnittenem Selleriegrün. Als Beilagen empfehlen wir Ihnen Basmatireis oder Fladenbrot.

Paella aus dem Ofen

30 Min. + 25 Min. im Ofen

Für ein weites Bratgeschirr

- **Öl** zum Braten
- **4 Pouletschenkel** (je ca. 200 g), halbiert
- **¾ TL Salz**
- **wenig Pfeffer**

- **1 Zwiebel,** in feinen Streifen
- **1 Knoblauchzehe,** gepresst
- **250 g spanischer Paellareis** (z. B. Bomba) oder Risottoreis
- **1 Briefchen Safran**
- **einige Safranfäden**
- **7 dl Hühnerbouillon**

- **200 g Chorizo,** in Scheiben
- **150 g tiefgekühlte Erbsli,** aufgetaut
- **200 g geschälte rohe Riesencrevetten** (Bio)
- **¼ TL Salz**
- **Salz, Pfeffer,** nach Bedarf
- **2 EL glattblättrige Petersilie,** grob geschnitten

Zeit in der Küche: ca. 30 Min.

1. Wenig Öl im Bratgeschirr heiss werden lassen. Poulet würzen, bei mittlerer Hitze rundum ca. 5 Min. anbraten, herausnehmen, Hitze reduzieren, evtl. wenig Öl beigeben.
2. Zwiebel und Knoblauch andämpfen. Reis beigeben, unter Rühren dünsten, bis er glasig ist. Safran beigeben. Bouillon dazugiessen, aufkochen. Poulet wieder beigeben.

Zeit im Ofen: ca. 25 Min.

3. **Garen:** ca. 15 Min. in der unteren Hälfte des auf 200 Grad vorgeheizten Ofens. Herausnehmen, Chorizo und Erbsli daruntermischen. Crevetten salzen, darauflegen, ca. 10 Min. fertig garen. Paella würzen, Petersilie darüberstreuen.

Portion: 800 kcal, F 38 g, Kh 57 g, E 54 g

Moussaka

30 Min. + 35 Min. im Ofen

Für eine ofenfeste Form von ca. 2½ Litern, gefettet

- **Öl** zum Braten
- **500 g Hackfleisch** (Lamm und Rind)
- **½ TL Salz**

- **1 Zwiebel,** fein gehackt
- **1 Knoblauchzehe,** gepresst
- **400 g Tomaten,** entkernt, in Stücken
- **1 dl Fleischbouillon**
- **1 EL Oregano,** fein geschnitten
- **½ TL Salz**
- **wenig Pfeffer**

- **300 g Auberginen,** in ca. 1 cm dicken Scheiben
- **400 g mehlig kochende Kartoffeln,** in ca. 2 mm dicken Scheiben

- **3 EL Butter**
- **3 EL Mehl**
- **6 dl Milch**
- **¼ TL Zimt**
- **wenig Muskat**
- **1 TL Salz**
- **wenig Pfeffer**
- **2 Eier**
- **200 g Feta,** zerbröckelt

Zeit in der Küche: ca. 30 Min.

1. Öl in einer Bratpfanne heiss werden lassen. Fleisch portionenweise je ca. 3 Min. anbraten, herausnehmen, salzen. Hitze reduzieren, Bratfett auftupfen, wenig Öl beigeben.
2. Zwiebel und Knoblauch andämpfen, Tomaten kurz mitdämpfen, Bouillon und Oregano beigeben, würzen, aufkochen. Hitze reduzieren, Fleisch wieder beigeben, zugedeckt bei kleiner Hitze ca. 10 Min. köcheln.
3. Auberginen und Kartoffeln abwechslungsweise mit dem Fleisch in die vorbereitete Form schichten.
4. Butter in einer Pfanne warm werden lassen. Mehl beigeben, unter Rühren mit dem Schwingbesen ca. 1 Min. dünsten. Pfanne von der Platte nehmen. Milch auf einmal dazugiessen, unter Rühren aufkochen, Hitze reduzieren, würzen. Sauce unter gelegentlichem Rühren bei mittlerer Hitze ca. 10 Min. köcheln, bis die Sauce sämig ist, etwas abkühlen. Eier und die Hälfte des Käses darunterrühren, Sauce über die Auberginen giessen. Restlichen Käse darüberstreuen.

Zeit im Ofen: ca. 35 Min.

5. **Backen:** ca. 35 Min. in der Mitte des auf 220 Grad vorgeheizten Ofens.

Portion: 770 kcal, F 48 g, Kh 34 g, E 47 g

Pulled Pork mit Kabissalat

30 Min. + 12 Std. marinieren + 6 Std. im Ofen + 10 Min. ruhen lassen

Für eine weite ofenfeste Form von ca. 2 Litern, gefettet

1½ kg Schweinsbraten (z. B. Hals)
3 EL Zucker
2 TL Zwiebelpulver
2 TL Edelsüss-Paprika
1 TL Zimt
1 Bio-Zitrone, nur abgeriebene Schale

---

1 EL scharfer Senf
3 EL Weissweinessig
2 EL Olivenöl
1 EL flüssiger Honig
¼ TL Salz
wenig Pfeffer
500 g Rotkabis, fein gehobelt
1 Apfel, Kerngehäuse entfernt, fein gehobelt

---

1 TL Salz

---

1 dl Fleischbouillon
4 EL BBQ-Sauce

---

1. Fleisch in eine Form legen. Zucker und alle Zutaten bis und mit Zitronenschale mischen, Fleisch damit rundum gut einreiben. Zugedeckt im Kühlschrank ca. 12 Std. marinieren. Fleisch ca. 1 Std. vor der Zubereitung aus dem Kühlschrank nehmen.

Zeit in der Küche: ca. 30 Min.

2. Ofen auf 120 Grad vorheizen. Die vorbereitete Form in die Mitte des Ofens schieben.
3. Senf und alle Zutaten bis und mit Pfeffer verrühren. Kabis und Apfel beigeben, mischen. Salat zugedeckt beiseite stellen.
4. Fleisch salzen, Fleischthermometer an der dicksten Stelle einstecken, in die Form legen.

Zeit im Ofen: ca. 6 Std.

5. **Garen:** ca. 3½ Std. Bouillon und BBQ-Sauce verrühren. Die Hälfte davon über das Fleisch giessen, ca. 1½ Std. weitergaren. Restliche Sauce über das Fleisch giessen, ca. 1 Std. fertig garen. Die Kerntemperatur soll mind. 90 Grad betragen.
6. Fleisch in Alufolie einpacken, im ausgeschalteten Ofen ca. 10 Min. ruhen lassen. Fleisch mit zwei Gabeln zerzupfen, mit dem Salat anrichten.

Portion: 951 kcal, F 60 g, Kh 31 g, E 70 g

Einfacher – Burger-Party: Servieren Sie das Pulled Pork auf einer Platte, den Kabissalat in einer Schüssel, reichen Sie dazu getoastete Burger-Buns, BBQ-Sauce und Koriander, und alle bedienen sich selbst.

Süsses zum Schluss

Apfel-Marroni-Trifle

30 Min.

3 rotschalige Äpfel, in Würfeli
2 EL Zucker
3 EL Calvados oder Apfelsaft
1 EL Zitronensaft
¼ TL Zimt

---

250 g Halbfettquark
150 g griechisches Joghurt nature
2 EL Zucker
80 g Guetzli (z. B. Sablés mit Haselnüssen), zerbröckelt
½ Päckli Kastanien in Caramelsauce (ca. 150 g), abgetropft, grob gehackt

---

Zeit in der Küche: ca. 30 Min.

1. Äpfel, Zucker, Calvados, Zitronensaft und Zimt in einer Pfanne mischen, unter gelegentlichem Rühren bei mittlerer Hitze ca. 5 Min. knapp weich kochen, etwas abkühlen.
2. Quark, Joghurt und Zucker verrühren. Creme mit den Guetzli, Kastanien und Äpfeln in Gläser anrichten.

Portion: 404 kcal, F 13 g, Kh 58 g, E 10 g

Lässt sich vorbereiten: Trifle ca. ½ Tag im Voraus zubereiten, auskühlen, zugedeckt im Kühlschrank aufbewahren.

Schokolademousse mit Crisp

30 Min. + 1 Std. kühl stellen

150 g dunkle Schokolade, fein gehackt

2 dl Vollrahm

2 EL Zucker

50 g gebrannte Mandeln, grob gehackt

2 Prisen Fleur de Sel

Zeit in der Küche: ca. 30 Min.

1. Schokolade in eine dünnwandige Schüssel geben, über das nur leicht siedende Wasserbad hängen, sie darf das Wasser nicht berühren. Schokolade schmelzen, glatt rühren, ca. 10 Min. etwas abkühlen.
2. Rahm und Zucker knapp steif schlagen. Die Hälfte davon mit dem Schwingbesen unter die Schokolade rühren. Restlichen Rahm sorgfältig darunterziehen. Mousse in Schälchen verteilen, zugedeckt ca. 1 Std. kühl stellen.
3. Mandeln kurz vor dem Servieren über die Mousse streuen, salzen.

Portion: 456 kcal, F 33 g, Kh 33 g, E 5 g

Tipp: ½ roter Chili, entkernt, fein gehackt, unter die geschmolzene Schokolade mischen.

Lässt sich vorbereiten: Mousse ca. ½ Tag im Voraus zubereiten, zugedeckt im Kühlschrank aufbewahren.

Portwein-Zwetschgen mit Creme

35 Min.

400 g tiefgekühlte Zwetschgen, angetaut
1 dl roter Portwein oder roter Traubensaft
2 EL grobkörniger Rohzucker
¼ TL Zimt

---

250 g Mascarpone
150 g griechisches Joghurt nature
2 TL Zitronensaft
2 EL Puderzucker
100 g weiche Amaretti, zerbröckelt

Zeit in der Küche: ca. 35 Min.

1. Zwetschgen, Portwein, Zucker und Zimt in einer Pfanne mischen, bei mittlerer Hitze ca. 5 Min. knapp weich kochen. Zwetschgen herausnehmen, Saft auf ca. 1 dl einkochen. Zwetschgen wieder beigeben, auskühlen.
2. Mascarpone, Joghurt, Zitronensaft und Puderzucker verrühren. Amaretti mit den Zwetschgen und der Creme in Gläser verteilen, wenig Sirup darüberträufeln.

Portion: 557 kcal, F 40 g, Kh 35 g, E 10 g

Tipp: Statt tiefgekühlte Zwetschgen frische Zwetschgen oder Aprikosen, in Schnitzen, verwenden.

Lässt sich vorbereiten: Das Dessert ca. ½ Tag im Voraus zubereiten, zugedeckt im Kühlschrank aufbewahren.

Mandarinen-Sillabub

25 Min.

4 Mandarinen, nur Saft (ergibt ca. 2 dl)
2 EL flüssiger Honig
2 Zweiglein Thymian

---

4 Mandarinen, geschält, in Scheiben
4 EL Granatapfelkerne
1 EL Grenadinesirup

---

2 dl Vollrahm, kalt

Zeit in der Küche: ca. 25 Min.

1. Mandarinensaft und Honig mit dem Thymian auf ca. 1 dl einkochen, auskühlen. Thymian entfernen.
2. Mandarinen und Granatapfelkerne in Schälchen anrichten. Grenadinesirup darüberträufeln. Rahm mit 3 EL Mandarinensirup mit den Schwingbesen des Handrührgeräts knapp steif schlagen, auf den Früchten verteilen, restlichen Mandarinensirup darüberträufeln.

Portion: 275 kcal, F 18 g, Kh 26 g, E 2 g

Tipp: Statt Mandarinen Orangen verwenden.

Lässt sich vorbereiten: Mandarinensirup und Schlagrahm ca. ½ Tag im Voraus zubereiten. Beides separat zugedeckt im Kühlschrank aufbewahren.

Frozen Yogurt mit Mango

30 Min. + 4 Std. gefrieren

300 g griechisches Joghurt nature
100 g Puderzucker
1 EL Zitronensaft
1 dl Vollrahm, steif geschlagen

---

80 g Zucker
1 EL Wasser
100 g Cashew-Nüsse, grob gehackt
¼ TL Fleur de Sel
¼ TL schwarze Pfefferkörner, zerstossen

---

1 Mango (ca. 400 g), ½ in Stücken, Rest in Würfeli
1 EL Puderzucker
1 EL Zitronensaft
1 EL Wasser

Zeit in der Küche: ca. 30 Min.

1. **Glace:** Joghurt, Puderzucker und Zitronensaft in einer Chromstahlschüssel verrühren. Schlagrahm darunterziehen, zugedeckt ca. 4 Std. gefrieren, dabei 3-mal durchrühren.
2. **Krokant:** Zucker und Wasser in einer weiten Pfanne ohne Rühren aufkochen. Hitze reduzieren, unter gelegentlichem Hin-und-her-Bewegen der Pfanne köcheln, bis ein hellbrauner Caramel entsteht. Pfanne von der Platte nehmen, Nüsse, Fleur de Sel und Pfeffer daruntermischen, auf einem Backpapier verteilen, auskühlen. Krokant grob hacken.
3. Mangostücke mit Puderzucker, Zitronensaft und Wasser pürieren.
4. Mangowürfeli und Mangopüree in Schälchen verteilen. Aus dem Frozen Yogurt Kugeln formen, darauf anrichten, Nüsse darüberstreuen, sofort servieren.

Portion: 559 kcal, F 28 g, Kh 68 g, E 8 g

Lässt sich vorbereiten: Frozen Joghurt ca. 2 Tage im Voraus zubereiten. Ca. 15 Min. vor dem Servieren in den Kühlschrank stellen, geschmeidig rühren.

Safran-Birnen mit Softeis

40 Min. + 1 Std. kühl stellen + 15 Min. gefrieren

2 dl Weisswein
2 dl Wasser
80 g Zucker
1 Vanillestängel, längs aufgeschnitten
1 Briefchen Safran
einige Safranfäden
4 Birnen mit Stiel (z. B. Williams) geschält, halbiert, Kerngehäuse entfernt

200 g Vanilleglace, in Stücken
2 TL Birnbrotgewürz

Zeit in der Küche: ca. 40 Min.

1. Wein und Wasser mit Zucker, Vanille und Safran aufkochen. Birnen beigeben, bei kleiner Hitze ca. 10 Min. knapp weich köcheln. Birnen ab und zu wenden, damit sie regelmässig mit Sud bedeckt sind. Birnen im Sud auskühlen, ca. 1 Std. kühl stellen. Birnen herausnehmen, Sud auf ca. 1 dl einköcheln, Sirup auskühlen.
2. Vanilleglace in eine Schüssel geben, mit den Schwingbesen des Handrührgeräts ca. 1 Min. rühren. Birnbrotgewürz beigeben, kurz weiterrühren, bis eine cremige Masse entsteht. Softeis zugedeckt ca. 15 Min. gefrieren.
3. Birnen mit wenig Sirup anrichten. Softeis darauf verteilen, sofort servieren.

Portion: 264 kcal, F 4 g, Kh 50 g, E 3 g

Lässt sich vorbereiten: Birnen ca. ½ Tag im Voraus zubereiten, zugedeckt im Kühlschrank aufbewahren.

Orangen mit Rotweinfrüchten

30 Min.

200 g Dörrfrüchte (z. B. Pflaumen, Aprikosen, Äpfel)
1 dl Rotwein
1 dl Marsala
2 EL flüssiger Honig
1 Kardamomkapsel
1 Sternanis
1 Zimtstange
einige Pfefferkörner

50 g ungesalzene geschälte Pistazien
1 EL Zucker

4 Orangen
2 dl Doppelrahm, flaumig geschlagen

Zeit in der Küche: ca. 30 Min.

1. Dörrfrüchte mit allen Zutaten bis und mit Pfeffer in einer Pfanne mischen, bei mittlerer Hitze ca. 5 Min. kochen. Dörrfrüchte herausnehmen, Sud auf ca. 1 dl einkochen, absieben, Sirup auffangen, zurück in die Pfanne geben. Dörrfrüchte wieder beigeben, auskühlen.
2. Pistazien in einer Bratpfanne bei mittlerer Hitze ca. 3 Min. rösten. Zucker beigeben, caramelisieren, auf einem Backpapier verteilen, auskühlen. Pistazien grob hacken.
3. Von den Orangen Boden und Deckel, dann Schale ringsum bis auf das Fruchtfleisch wegschneiden. Orangen in Scheiben schneiden, auf Tellern anrichten. Dörrfrüchte und Rahm darauf verteilen, Sirup darüberträufeln, Pistazien darüberstreuen.

Portion: 575 kcal, F 31 g, Kh 59 g, E 6 g

Tipp: Statt Rotwein und Marsala roten Traubensaft und nur 1 EL Honig verwenden.

Lässt sich vorbereiten: Rotweinfrüchte ca. 1 Tag im Voraus zubereiten, auskühlen, zugedeckt im Kühlschrank aufbewahren.

Dazu passt: Vanille- oder Zimtglace.

Caramelisierte Ananas mit Kokosglace

30 Min.

80 g grobkörniger Rohzucker
1½ EL Wasser
½ EL Zitronensaft
20 g Butter
1 EL Rum oder Orangensaft
1 Ananas, geschält, längs geviertelt, Strunk entfernt, in Stücken

200 g Kokosnussglace
20 g dunkle Schokolade, fein gehackt

Zeit in der Küche: ca. 30 Min.

1. Zucker, Wasser und Zitronensaft in einer weiten Pfanne ohne Rühren aufkochen. Hitze reduzieren, unter gelegentlichem Hin-und-her-Bewegen der Pfanne köcheln, bis ein hellbrauner Caramel entsteht. Pfanne von der Platte nehmen. Butter, Rum und Ananas beigeben, ca. 4 Min. köcheln. Ananas herausnehmen, Sirup auf ca. 1 dl einkochen. Ananas wieder beigeben, auskühlen.
2. Ananas in Schälchen verteilen. Aus der Glace Kugeln formen, darauf anrichten, Schokolade darüberstreuen.

Portion: 336 kcal, F 11 g, Kh 55 g, E 3 g

Tipp: Statt Kokosnussglace Schokolade-, Vanille- oder Fior-di-Latte-Glace verwenden.

Lässt sich vorbereiten: Ananas ca. 1 Tag im Voraus caramelisieren, zugedeckt im Kühlschrank aufbewahren.

Erdbeermousse

25 Min. + 2 Std. kühl stellen

Für 4 Gläser von je ca. 2 dl

250 g Erdbeeren, halbiert
80 g Puderzucker
1 EL Zitronensaft
3 Blatt Gelatine, ca. 5 Min. in kaltem Wasser eingelegt, abgetropft
1 EL Wasser, siedend

1 frisches Eiweiss
1 Prise Salz
2 dl Vollrahm, steif geschlagen

100 g Erdbeeren, in Vierteln
1 EL Puderzucker
1 EL Basilikum, fein geschnitten

Zeit in der Küche: ca. 25 Min.

1. Erdbeeren mit dem Puderzucker und dem Zitronensaft pürieren, durch ein Sieb in eine Schüssel streichen. Gelatine mit dem Wasser auflösen, mit 2 EL Masse verrühren, sofort unter die restliche Masse rühren.
2. Eiweiss mit dem Salz steif schlagen, mit dem Schlagrahm sorgfältig unter das Erdbeerpüree mischen. Masse in die Gläser füllen, zugedeckt im Kühlschrank ca. 2 Std. fest werden lassen.
3. Erdbeeren, Puderzucker und Basilikum mischen, ca. 10 Min. ziehen lassen, auf der Erdbeermousse verteilen.

Portion: 296 kcal, F 18 g, Kh 29 g, E 3 g

Tipp: Wenig Pfeffer (z. B. Tasmanischer Pfeffer) mit den Erdbeeren mischen.

Lässt sich vorbereiten: Mousse ca. ½ Tag im Voraus zubereiten, zugedeckt im Kühlschrank aufbewahren.

Willisauer Eiskaffee

35 Min. + 4 Std. gefrieren

3 dl Vollrahm
2 dl Milch
2 frische Eier
100 g Zucker
1 Vanillestängel, längs aufgeschnitten

1½ dl Espresso
3 EL Zucker
2 EL Kaffeelikör (z. B. Kahlúa)

8 Schoko-Willisauer Ringli (ca. 50 g)

Zeit in der Küche: ca. 35 Min.

1. **Vanilleglace:** Rahm und alle Zutaten bis und mit Vanillestängel mit dem Schwingbesen verrühren, unter ständigem Rühren bei mittlerer Hitze bis vors Kochen bringen. Sobald die Masse bindet, Pfanne sofort von der Platte nehmen, ca. 2 Min. weiterrühren. Creme durch ein Sieb in eine weite Chromstahlschüssel giessen, auskühlen. Creme zugedeckt ca. 4 Std. gefrieren, dabei 3-mal durchrühren.
2. Espresso mit dem Zucker und dem Kaffeelikör auf ca. 1 dl einkochen, auskühlen.
3. Glace in Gläsern anrichten, Sirup darüberträufeln, Guetzli dazu servieren.

Portion: 529 kcal, F 32 g, Kh 51 g, E 7 g

Lässt sich vorbereiten: Vanilleglace ca. 2 Tage im Voraus zubereiten. Ca. 15 Min. vor dem Servieren in den Kühlschrank stellen, geschmeidig rühren.

Erdbeer-Rhabarber-Traum

30 Min.

400 g Rhabarber, in ca. 5 cm langen Stücken
1 EL Zucker
2 EL Holunderblütensirup
250 g Erdbeeren, in Vierteln

---

50 g Mehl
20 g Zucker
1 Prise Salz
30 g Butter, in Stücken, kalt
¾ EL Wasser

---

200 g Fior-di-Latte- oder Vanilleglace
Puderzucker zum Bestäuben

Zeit in der Küche: ca. 30 Min.

1. Rhabarber, Zucker und Sirup in einer Pfanne mischen, zugedeckt bei kleiner Hitze ca. 4 Min. knapp weich köcheln, etwas abkühlen. Die Hälfte der Erdbeeren beigeben, auskühlen.
2. Mehl, Zucker und Salz in einem Schälchen mischen. Butter beigeben, von Hand zu einer gleichmässig krümeligen Masse verreiben. Wasser beigeben, rasch zu einem weichen Teig zusammenfügen, nicht kneten. Teig in eine beschichtete Bratpfanne zerzupfen, zugedeckt unter gelegentlichem Wenden bei mittlerer Hitze ca. 8 Min. backen, bis Streusel entstehen.
3. Kompott in Schälchen verteilen. Aus der Glace Kugeln formen, darauf anrichten. Restliche Erdbeeren und Streusel darauf verteilen, mit Puderzucker bestäuben.

Portion: 327 kcal, F 13 g, Kh 46 g, E 5 g

Tipp: Statt Rhabarber und Erdbeeren Aprikosen oder Zwetschgen, in Schnitzen, verwenden.

Lässt sich vorbereiten: Kompott und Streusel ca. ½ Tag im Voraus zubereiten. Kompott zugedeckt in den Kühlschrank stellen. Streusel zugedeckt beiseite stellen.

Pfirsich Melba

30 Min.

2 dl Süsswein (z. B. Beerenauslese)
2 EL Zucker
1 Vanillestängel, längs halbiert
3 Pfirsiche, in Schnitzen

150 g Himbeeren
30 g Puderzucker

200 g Vanilleglace
100 g Himbeeren
2 EL Mandelblättchen, geröstet

Zeit in der Küche: ca. 30 Min.

1. Wein mit dem Zucker und dem Vanillestängel in einer Pfanne aufkochen. Pfirsiche beigeben, aufkochen. Pfanne von der Platte nehmen, zugedeckt auskühlen.
2. Himbeeren mit dem Puderzucker pürieren, durch ein Sieb streichen. 1 EL vom Pfirsichsud darunterrühren.
3. Pfirsiche und Himbeersauce in Schälchen verteilen. Aus der Glace Kugeln formen, darauf anrichten, Himbeeren und Mandeln darüberstreuen.

Portion: 263 kcal, F 7 g, Kh 41 g, E 4 g

Lässt sich vorbereiten: Pfirsiche und Himbeersauce ca. 1 Tag im Voraus zubereiten, separat zugedeckt im Kühlschrank aufbewahren.

Himbeer-Joghurtcreme

20 Min. + 1 Std. kühl stellen

200 g Himbeeren
5 EL Puderzucker
1 EL Zitronensaft
360 g Joghurt nature
1 dl Vollrahm, steif geschlagen

50 g Himbeeren
50 g Nussmischung (z. B. Cashew-Erdnuss Mix Honig & Salz), grob gehackt
Puderzucker zum Bestäuben

Zeit in der Küche: ca. 20 Min.

1. Himbeeren, Puderzucker und Zitronensaft mischen, ca. 10 Min. ziehen lassen, pürieren, durch ein Sieb in eine Schüssel streichen. Joghurt darunterrühren. Schlagrahm sorgfältig darunterziehen. Creme in Schälchen oder Tassen verteilen, zugedeckt ca. 1 Std. kühl stellen.
2. Creme mit Himbeeren und Nüssen verzieren, mit Puderzucker bestäuben.

Portion: 289 kcal, F 16 g, Kh 27 g, E 6 g

Lässt sich vorbereiten: Creme ca. ½ Tag im Voraus zubereiten, zugedeckt im Kühlschrank aufbewahren. Beeren und Nüsse kurz vor dem Servieren darüberstreuen.

Parfait mit Heidelbeeren

35 Min. + 4 Std. gefrieren

Für eine Cakeform von ca. 20 cm, mit wenig Öl bestrichen, mit Klarsichtfolie ausgelegt

2 frische Eier
4 EL Zucker
2 EL Orangenlikör (z. B. Grand Marnier) oder Orangensaft
2 dl Vollrahm, steif geschlagen
50 g Meringue-Schalen, grob zerbröckelt

250 g tiefgekühlte Heidelbeeren, aufgetaut
1 EL Zucker

250 g Beeren
1 EL Zucker
1 TL Zitronensaft
wenig Muskat

Zeit in der Küche: ca. 35 Min.

1. Eier, Zucker und Likör mit den Schwingbesen des Handrührgeräts ca. 10 Min. rühren, bis die Masse schaumig ist. Schlagrahm und Meringues sorgfältig darunterziehen. Die Hälfte der Masse in die vorbereitete Form geben.
2. Heidelbeeren mit dem Zucker pürieren, durch ein Sieb streichen. Püree unter die restliche Masse mischen, in die Form geben. Mit einer Gabel marmorieren, zugedeckt ca. 4 Std. gefrieren.
3. Beeren, Zucker, Zitronensaft und Muskat mischen, zugedeckt ca. 20 Min. ziehen lassen.
4. Parfait auf ein Brett stürzen, Folie entfernen. Parfait in Stücke schneiden, mit den Beeren anrichten.

Portion: 412 kcal, F 21 g, Kh 44 g, E 6 g

Lässt sich vorbereiten: Parfait ca. 2 Tage im Voraus zubereiten, zugedeckt im Tiefkühler aufbewahren. Ca. 15 Min. vor dem Servieren in den Kühlschrank stellen.

Tipp: Statt Heidelbeeren Erdbeeren, Himbeeren oder Brombeeren verwenden.

Alphabetisches Rezeptverzeichnis

Alphabetisches Rezeptverzeichnis

Alphabetisches Rezeptverzeichnis

Alle Rezepte in diesem Buch sind, wo nicht anders vermerkt, für 4 Personen berechnet.

Massangaben
Alle in den Rezepten angegebenen Löffelmasse entsprechen dem Betty Bossi Messlöffel.

Nährwertberechnung
Wenn für Bratbutter oder Öl zum portionenweisen Anbraten in den Zutaten keine Menge angegeben ist, gehen wir von ½ EL pro Portion aus. Die Angabe dient zur Berechnung der Nährwerte. Ist bei einer Zutat eine Alternative erwähnt, zum Beispiel Weisswein oder Bouillon, so wird immer die erstgenannte Zutat berechnet. Nur wenn Alkohol in einem Rezept vollständig eingekocht wird, enthält er keine Kalorien mehr. Wird er zur Hälfte eingekocht, enthält er die Hälfte an Kalorien, ansonsten wird er voll berechnet.

Ofentemperaturen
Alle Gerichte in diesem Buch werden mit Ober- und Unterhitze zubereitet.
Einzige Ausnahme: Nur wenn ein Gericht zwei Bleche bzw. ein Blech und ein Backofengitter benötigt, kommt Heissluft zum Einsatz; das ist jeweils explizit im Rezept vermerkt.

Quellennachweis
Das im Buch abgebildete Geschirr und Besteck sowie die Dekorationen stammen aus Privatbesitz.

HEUTE KOCHT MEIN OFEN

288 Seiten!

Das Kochen im Ofen ist praktisch, schnell vorbereitet und ganz entspannt. Ob für Familie, Freunde oder Gäste. Ideen für jede Gelegenheit rund ums Jahr.

> Art. 27112.998

GETRÄNKTE KUCHEN

Herrlich feuchte Kuchen: Bunt getränkt mit frisch-fruchtigen Aromen, cremige Schokoladenträume zum Dahinschmelzen und saftige Minis für den Gluscht.

> Art. 27114.998

RESTENLOS GENIESSEN

320 Seiten!

355 clevere Tipps und viele feine Rezepte gegen Food Waste zu Hause. Kosten Sie ab sofort Ihre Lebensmittel restlos und genüsslich aus – bis zum letzten Krümel.

> Art. 27110.998

GESUND & SCHLANK BAND 5

320 Seiten!

Abnehmen mit einheimischen super Foods. 3 Menüpläne für je 2 Wochen: Low Carb, balanced, vegi, mit 6 Kurzprogrammen und Ratgeberteil für mehr Energie und Lebensfreude.

> Art. 27108.998

ZART GEGART

320 Seiten!

Kalb, Rind, Schwein, Lamm, Geflügel und Fisch: so zart und saftig! Niedergaren, Sous-vide und 120-Grad-Methode für edle und preiswerte Stücke mit Beilagen und Saucen.

> Art. 27104.998

FRUCHTIG-SÜSSE WÄHEN

Überraschende Kreationen: fruchtig süsse Wähen mit cremigem Guss, knusprigem Teig und vielen frischen Früchten für alle Jahreszeiten. Genuss pur.

> Art. 27102.998

GEMÜSELUST

320 Seiten!

Die neue, kreative Gemüseküche: eine Schlemmerreise durch alle Jahreszeiten mit farbenfrohen, gesunden und leckeren Gemüsegerichten – mit und ohne Fleisch.

> Art. 27100.998

GESUND & SCHLANK BAND 4

320 Seiten!

Mit unserem Menüplan spielend 3 kg in nur 3 Wochen verlieren, sich dabei satt und vital fühlen. Dazu viele neue Rezepte mit Superfoods für weiteren Gewichtsverlust.

> Art. 27098.998

PASTA

320 Seiten!

Pasta, von einfach bis luxuriös: One Pot Pasta, 60 schnelle Pastasaucen, tolle Pastagerichte, heiss Geliebtes aus dem Ofen und Pasta deluxe für Verwöhnmomente.

> Art. 27096.998

BLECHKUCHEN & BROWNIES

Schnell den perfekten Kuchen für eine Party backen? Hier finden Sie die beliebtesten Blechkuchen, unwiderstehliche Tartes, die besten Cheesecakes und Brownies.

> Art. 27094.998

GESUND & SCHLANK BAND 3

320 Seiten!

Gesunde Rezepte zum Abnehmen, in nur 30 Minuten servierbereit. Dank individueller Menükombination (Low-Carb, ausbalanciert oder vegetarisch) genussvoll abnehmen.

> Art. 27092.998

HERZLICH EINGELADEN

320 Seiten!

Fingerfood, Vorspeisen, Hauptgerichte und Desserts – von unkompliziert bis gediegen. Viele Tipps und Tricks zum Vorbereiten und auch für vegetarische Varianten.

> Art. 27090.998

SCHNELL & EINFACH

224 Seiten!

100 Lieblingsrezepte aus der Betty Bossi Zeitung. Die «schnell & einfach» – Rezepte sind in nur 30 Minuten zubereitet. 25 schnelle und feine Ideen für jede Jahreszeit.

> Art. 27088.998

LUFTIG LEICHTE DESSERTS

Wunderbar leichte Dessertideen für jede Jahreszeit: samtige Cremen, luftige Mousses, Panna cotta, Puddings und Glacen zum Dahinschmelzen. Mit vielen Deko-Tipps.

> Art. 27082.998

GESUND KOCHEN

Gut erhältliche Zutaten und schnelle Rezepte für viel ausgewogenen Genuss, auch im hektischen Alltag. Dazu praxisorientierte Tipps für einen gesunden Familienalltag.

> Art. 27080.998

DIE NEUE FLEISCHKÜCHE

320 Seiten!

Das Standard-Werk mit vielen neuen Rezepten, bekannten und neuen Techniken: Schmoren, Niedergaren oder Braten, Räuchern, Garen in der Salzkruste oder im Heu, Confieren und Sous-vide.

> Art. 27078.998

GESUND & SCHLANK BAND 2

320 Seiten!

Band 2 mit 320 Seiten bietet über 150 neue Rezepte zum Abnehmen mit Genuss: Frühstück, Lunch, Nachtessen und Desserts – für alle Jahreszeiten. Zusätzliche Unterstützung bietet der hilfreiche Ratgeberteil.

> Art. 27076.998

KUCHENDUFT

320 Seiten!

Viele neue Rezepte für alle Jahreszeiten, jede Gelegenheit und jedes Talent: wunderbare Kuchen, Cakes und Torten. Dazu inspirierende Dekorationsideen und viele Tipps und Tricks, damit Ihre Kunstwerke sicher gelingen.

> Art. 27074.998

LUSTVOLL VEGETARISCH

320 Seiten!

Heute kochen namhafte Köche fleischlose Gerichte auf höchstem Niveau – mit grossem Erfolg. Auch privat geniessen immer mehr Leute vegetarisch. Höchste Zeit also für ein umfangreiches Buch voller köstlicher Vegi-Ideen.

> Art. 27072.998

LUST AUF WURST

Herrliche Gerichte mit Schweizer Würsten in vier Kapiteln: Fingerfood & Vorspeisen, Nostalgiegerichte, regionale Spezialitäten und deftig & wärmend. Dazu natürlich viele Tipps und Tricks rund um die Wurst.

> Art. 27070.998

ECHT ITALIENISCH

320 Seiten!

Wir laden Sie ein zu einer kulinarischen Italienreise durch alle Regionen unseres südlichen Nachbarlandes. Es gibt neben heiss geliebten Traditionsrezepten auch viel Neues zu entdecken! Mediterrane Küche zum Schwelgen.

> Art. 27068.998

TAKE 4

Die Idee: Mini-Einkauf, schnelle Zubereitung und viel Genuss. Das Resultat: schnelle, einfache Rezepte für Verwöhnmomente. Dazu eine clevere Vorratsliste auch für Haushalte, in denen nicht täglich gekocht wird.

> Art. 27066.998

GESUND & SCHLANK BAND 1

Mit Genuss essen, satt werden und dabei erst noch gesund abnehmen. Mit den feinen und ausgewogenen Rezepten in diesem Buch zum persönlichen Wohlfühlgewicht. Zusätzliche Unterstützung bietet der hilfreiche Ratgeberteil.

> Art. 27064.998

GRATINS & …

Lust auf einen heissen Flirt? Dann aufgepasst: Diese Gratins und Aufläufe verführen Sie nach allen Regeln der Kunst. Die Kapitel: die Schnellen, die Leichten, zum Vorbereiten, die Edlen (für Gäste) und Fixes vom Blech.

> Art. 27060.998

BRUNCH

Tolle Ideen für Ihren Brunch: kleine Delikatessen im Glas, knuspriges, süsses und pikantes Gebäck. Dazu überraschende Ideen rund um Brot und Ei. Dann das süsse Finale für alle Naschkatzen und Desserttiger.

> Art. 27058.998

FESTTAGE ZUM GENIESSEN

Mit diesen Hitrezepten wird Weihnachten, Silvester und jeder andere Feiertag zum kulinarischen Fest – für alle. Mit der richtigen Rezeptauswahl geniessen auch die Gastgeber in brillanter und entspannter Festtagslaune.

> Art. 27056.998

EINFACH ASIATISCH

320 Seiten!

Die beliebtesten Gerichte und Neuentdeckungen aus den beliebtesten asiatischen Ländern: Thailand, Vietnam, China, Japan, Indonesien, Malaysia und Indien. Die Rezepte sind einfach nachzukochen, leicht und gesund.

> Art. 27054.998

FISCH UND MEERESFRÜCHTE

Gesund, leicht, raffiniert und vielseitig: neue, köstliche Rezepte für Vorspeisen, Suppen, Salate und Hauptgerichte. Dazu einige superschnelle Kreationen sowie Tipps für nachhaltigen Fischgenuss.

> Art. 27050.998

SCHWIIZER CHUCHI

320 Seiten!

Traditionsreiche Klassiker, neue, marktfrische Küche mit einheimischen Zutaten. Dazu Klassiker, neu interpretiert: aus denselben Zutaten ist ein neues Gericht entstanden, aber immer noch «ächt schwiizerisch».

> Art. 27046.998

PLÄTZLI & STEAKS

Suchen Sie Alternativen zum ewigen Schnipo? Voilà: jede Menge Abwechslung und kreative Ideen, dazu viele neue Saucen. Wir haben Plätzli und Steaks gefüllt und umhüllt, aufgespiesst und gerollt. Dazu feine «Plätzli»-Ideen für Vegis.

> Art. 27044.998

KARTOFFELN

Viele neue Rezepte mit der Wunderknolle, schnell, einfach und dennoch raffiniert: aromatische Hauptgerichte, feine Beilagen, knackige Salate und schnelle Suppen. Dazu wie immer wertvolle Tipps rund um die Kartoffel.

> Art. 27042.998

FASZINATION CURRY

Würzige Schmorgerichte, herzhafte Kokoscurrys, leichte Gerichte mit Fisch und Meeresfrüchten – dieses Buch bietet eine Vielfalt vom einfachen Bauerncurry bis zur königlichen Köstlichkeit.

> Art. 27040.998

SCHNELLE VORSPEISEN, HÄPPCHEN & TAPAS

Feines zum Aperitif, raffinierte Vorspeisen und Salate zum Brillieren, Knuspriges aus dem Ofen und herrliche Tapas. Alle Rezepte sind schnell und einfach, dennoch mit einer Prise Glamour. Dazu viele Tipps rund ums Anrichten und Garnieren.

> Art. 27038.998

WÄHEN, PIZZAS, FLAMMKUCHEN

Super Rezepte und Tipps für schnelle Wähen, süss und pikant, klassisch und überraschend neu. Dazu die besten Rezepte für Pizza, Focaccia und raffinierte Flammkuchen. Sie entscheiden: Teig selber machen oder kaufen.

> Art. 27036.998

BACKEN IN DER WEIHNACHTSZEIT

Neue Ideen für eine stimmungsvolle Adventszeit: 35 Sorten schnelle, einfache und traditionelle Guetzli, weihnachtliche Gugelhöpfe, Glühwein-Mini-Savarins, Stollen, Lebkuchen, Biberli, Birnenweggen, Grittibenzen und Dreikönigskuchen.

> Art. 27028.998

GSCHNÄTZLETS & GHACKETS

Schnell, gut, günstig: kleine Mahlzeiten, Vorspeisen, Pasta-Saucen, Eintöpfe, Gerichte aus dem Ofen, Gschnätzlets und Ghackets mit feinen Saucen, Hamburger- und Tatar-Variationen. Dazu Tipps und eine Pannenhilfe für Saucen.

> Art. 27026.998

WUNDERBAR HALTBAR

Selbstgemacht schmeckts am besten: Konfitüren, Gelees, Sirup, Feines in Essig und Öl, Dörrfrüchte, hausgemachte Bouillon – alles ganz natürlich. Dazu viele schnelle Rezepte mit den selbstgemachten Delikatessen und viele Tipps für sicheres Gelingen.

> Art. 27024.998

DAS GROSSE BETTY BOSSI KOCHBUCH 480 Seiten!

Das Basiskochbuch von Betty Bossi darf in keiner Küche fehlen. Es ist Nachschlagewerk und Inspirationsquelle für alle, vom Einsteiger bis zum Kochprofi, mit allen Grundrezepten samt Varianten, über 600 Bildern und noch mehr Tipps.

> Art. 27018.998

FEINES MIT GEFLÜGEL

Viele neue, leichte Rezepte mit Poulet, Truthahn, Ente und Strauss. Knuspriges aus dem Ofen, delikat Geschmortes und Sommerliches vom Grill, feine Vorspeisen, einige Klassiker aus fernen Ländern und viele Tipps rund um Geflügel.

> Art. 27016.998

CAKE-FESTIVAL

Cakes sind schnell gemacht und schmecken allen. Feines für die Weihnachtszeit, viele neue Rezepte und einige heiss begehrte Klassiker. Besonders raffiniert: pikante Cakes zum Brunch oder Apéro. Dazu originelle Deko-Tipps.

> Art. 27012.998

NIEDERGAREN – LEICHT GEMACHT

Zarter und saftiger kann Fleisch nicht sein! Die besten Stücke von Rind, Kalb, Schwein, Lamm, Kaninchen, Reh und Geflügel. Dazu 65 neue, raffinierte Saucen, viele Marinaden, Tipps und Tricks unserer Profis.

> Art. 27010.998

REISKÜCHE

Einfach in der Zubereitung, leicht im Genuss: 35 herrliche Risotto-Varianten als Vorspeise, Beilage oder Hauptgericht, dazu kreative Rezepte für Tätschli, Gratins, Salate, 28 raffinierte Beilagen und verführerische Dessertideen.

> Art. 27006.998

BACKSTUBE

80 neue Rezepte für Cakes, Kuchen, Strudel, Blechkuchen, Wähen und Muffins, mit süssen Früchten und cremigen Füllungen. Das kleine Back-Abc und viele Tipps sichern Ihren Backerfolg und den süssen Genuss.

> Art. 27004.998

DAS NEUE SALATBUCH

Viele neue Rezepte für Salatgenuss rund ums Jahr: raffinierte Vorspeisen, leichte Hauptgerichte und schnelle Beilagen. Dazu 3 Salat-Buffets mit Vorbereitungstipps, über 70 Salatsaucen sowie wertvolle Informationen rund um den Salat.

> Art. 27000.998

FEINE SAUCEN UND PASSENDE GERICHTE

Helle und dunkle Saucen, dazu passende, raffinierte Fleisch-, Geflügel- und Fischgerichte. Klassische Saucen und neue, pfiffige Varianten. Eine Fülle von kalten Saucen für feine Apéro-Häppchen sowie Tipps und Tricks.

> Art. 20910.998

DAS ANDERE GRILLIERBUCH

Milde und pikante Marinaden, Geflügel, Fisch oder Fleisch, feines Gemüse, aromatische Früchte und raffinierte Beilagen. Rezepte für den Grill, aber auch für Backofen oder Grillpfanne. Dazu Tipps und Tricks rund um Feuer und Glut.

> Art. 20904.998

DAS NEUE GUETZLIBUCH

Klassische Weihnachtsguetzli mit neuen Kreationen und die feinsten Schoggiguetzli zum Verwöhnen. Köstliche Guetzli, schnell gemacht, und eine Auswahl der besten Vollkornguetzli. Dazu Ideen für hübsche Verpackungen.

> Art. 20902.998

KNUSPRIGES BROT UND KÖSTLICHE BROTGERICHTE

Rezepte für Brot zum Selberbacken, vom Vollkornbrot bis zum Zopf. Praktische Hinweise und Informationen zu den Grundzutaten. Dazu eine Fülle von Rezepten für feine Brotgerichte: neue, leichte Kreationen und Klassiker aus Grossmutters Küche.

> Art. 20900.998

Weitere Betty Bossi Vorteile!

Betty Bossi Zeitung

- 10 × jährlich
- Zeitung – mit Rezepten, die sicher gelingen!
- Neue Bücher und Spezial-Angebote – zum Abonnenten-Vorzugs-Preis!
- Ihre Betty Bossi Kochbücher sind jederzeit ONLINE abrufbar.

Bestellen Sie mit der nachfolgenden Bestell-Karte oder unter www.bettybossi.ch

Betty Bossi online

- 24 Stunden für Sie da!
- Alle Neuigkeiten auf einen Blick
- Einfache Navigation
- Schnelle Bestellung
- Kostenloser Newsletter
- Noch mehr Rezepte und wertvolle Tipps

www.bettybossi.ch

Betty Bossi Spezial-Angebote

- Von Betty Bossi erprobt, von Betty Bossi empfohlen!
- Clevere Helfer für Küche und Haushalt
- Innovative Eigenentwicklungen

Bestellen Sie unter www.bettybossi.ch

Geschenkkarte für die Betty Bossi Zeitung

Und so einfach gehts:

1. Bestell-Karte vollständig ausfüllen und an uns senden.
2. Mit der ersten Ausgabe der Betty Bossi Zeitung informieren wir die beschenkte Person, von wem sie das Geschenk-Abo erhalten hat.

☐ Ja, ich bestelle hiermit ein Jahres-Abo der Betty Bossi Zeitung (10 Ausgaben) für nur Fr. 27.90.*

Gewünschte Sprache:

☐ deutsche Ausgabe (6510000.998)

☐ französische Ausgabe (6520000.998)

Das Abo ist für: ☐ Frau ☐ Herr

Name:

Vorname:

Strasse:

PLZ/Ort:

Die Rechnung geht an: ☐ Frau ☐ Herr

Name:

Vorname:

Strasse:

PLZ/Ort:

* Jahres-Abo: Preis Inland: Fr. 27.90, Preis Ausland: Fr. 36.–. Preisänderung vorbehalten.

Bestell-Karte für die Betty Bossi Zeitung

Ihre Abo-Vorteile:

> Die Zeitung bietet Ihnen saisonale Rezepte mit Geling-Garantie und unzählige Tipps.

> Unsere neuen Kochbücher erhalten Sie mindestens 5 Franken günstiger.

> Nützliche und praktische Küchen- und Haushaltshilfen erleichtern Ihren Alltag.

> Mit dem Abo erhalten Sie online vollen Zugriff auf eine riesige Rezept-Datenbank.

☐ Ja, ich bestelle hiermit ein Jahres-Abo der Betty Bossi Zeitung (10 Ausgaben) für nur Fr. 27.90.*

Gewünschte Sprache:

☐ deutsche Ausgabe (6510000.998)

☐ französische Ausgabe (6520000.998)

Die Rechnung geht an: ☐ Frau ☐ Herr

Name:

Vorname:

Strasse:

PLZ/Ort:

* Jahres-Abo: Preis Inland: Fr. 27.90, Preis Ausland: Fr. 36.–. Preisänderung vorbehalten.

Bitte frankieren

Bitte senden Sie mir weitere Bestell-Karten zu.

Anzahl: ______

Betty Bossi
Postfach
8902 Urdorf
Schweiz

Bitte frankieren

Bitte senden Sie mir weitere Bestell-Karten zu.

Anzahl: ______

Betty Bossi
Postfach
8902 Urdorf
Schweiz

2019100

Bestell-Karte für Betty Bossi Kochbücher

Anzahl	Titel	Artikel	Preis*
	Heute kocht mein Ofen	27112.998	Fr.36.90
	Getränkte Kuchen	27114.998	Fr.21.90
	Restenlos geniessen	27110.998	Fr.36.90
	Gesund & Schlank Band 5	27108.998	Fr.36.90
	Zart gegart	27104.998	Fr.36.90
	Fruchtig-süsse Wähen	27102.998	Fr.21.90
	Gemüselust	27100.998	Fr.36.90
	Gesund & Schlank Band 4	27098.998	Fr.36.90
	Pasta	27096.998	Fr.36.90
	Blechkuchen & Brownies	27094.998	Fr.21.90
	Gesund & Schlank Band 3	27092.998	Fr.36.90
	Herzlich eingeladen	27090.998	Fr.36.90
	Schnell & einfach	27088.998	Fr.21.90
	Luftig leichte Desserts	27082.998	Fr.21.90
	Gesund kochen	27080.998	Fr.21.90
	Die neue Fleischküche	27078.998	Fr.36.90

Anzahl	Titel	Artikel	Preis*
	Gesund & Schlank Band 2	27076.998	Fr.36.90
	Kuchenduft	27074.998	Fr.36.90
	Lustvoll vegetarisch	27072.998	Fr.36.90
	Lust auf Wurst	27070.998	Fr.16.90
	Echt italienisch	27068.998	Fr.36.90
	Take 4	27066.998	Fr.21.90
	Gesund & Schlank Band 1	27064.998	Fr.21.90
	Gratins & …	27060.998	Fr.21.90
	Brunch	27058.998	Fr.21.90
	Festtage zum Geniessen	27056.998	Fr.21.90
	Einfach asiatisch	27054.998	Fr.36.90
	Fisch und Meeresfrüchte	27050.998	Fr.21.90
	The Swiss Cookbook	27048.998	Fr.36.90
	Schwiizer Chuchi	27046.998	Fr.36.90
	Plätzli & Steaks	27044.998	Fr.21.90
	Kartoffeln	27042.998	Fr.21.90

Anzahl	Titel	Artikel	Preis*
	Faszination Curry	27040.998	Fr.21.90
	Schnelle Vorspeisen, Häppchen & Tapas	27038.998	Fr.21.90
	Wähen, Pizzas, Flammkuchen	27036.998	Fr.21.90
	Backen in der Weihnachtszeit	27028.998	Fr.21.90
	Gschnätzlets & Ghackets	27026.998	Fr.21.90
	Wunderbar haltbar	27024.998	Fr.21.90
	Das grosse Betty Bossi Kochbuch	27018.998	Fr.49.90
	Feines mit Geflügel	27016.998	Fr.21.90
	Cake-Festival	27012.998	Fr.21.90
	Niedergaren – leicht gemacht	27010.998	Fr.21.90
	Reisküche	27006.998	Fr.21.90
	Backstube	27004.998	Fr.21.90
	Das neue Salatbuch	27000.998	Fr.21.90
	Feine Saucen und passende Gerichte	20910.998	Fr.21.90
	Das andere Grillierbuch	20904.998	Fr.21.90
	Das neue Guetzlibuch	20902.998	Fr.21.90
	Brot und Brotgerichte	20900.998	Fr.21.90

Die Rechnung geht an: ☐ Frau ☐ Herr

Kundennummer:

Name:

Vorname:

Strasse:

PLZ/Ort:

* Preisänderung vorbehalten, zzgl. Versandkostenanteil

Betty Bossi

Bitte frankieren

Bitte senden Sie mir weitere Bestell-Karten zu.

Anzahl: ______

Betty Bossi
Postfach
8902 Urdorf
Schweiz